# Stefanie Lohaus
# & Tobias Scholz

# Papa
# kann auch stillen

### Wie Paare Kind, Job & Abwasch
### unter einen Hut bekommen

W0056822

**GOLDMANN**

MIX
Papier aus verantwor-
tungsvollen Quellen
FSC® C014496

Verlagsgruppe Random House FSC® N001967
Das FSC®-zertifizierte Papier *Holmen Book Cream* für dieses Buch
liefert Holmen Paper, Hallstavik, Schweden.

1. Auflage
Originalausgabe Februar 2015
Copyright © 2014 by Wilhelm Goldmann Verlag, München,
in der Verlagsgruppe Random House GmbH
Gestaltung des Umschlags und der Umschlaginnenseiten:
UNO Werbeagentur, München,
unter Verwendung einer Illustration von Zsuzsanna Ilijin
Lektorat: Doreen Fröhlich
DF · Herstellung: Str.
Satz: omnisatz GmbH, Berlin
Druck und Bindung: GGP Media GmbH, Pößneck
Printed in Germany
ISBN: 978-3-442-15831-7
www.goldmann-verlag.de

Besuchen Sie den Goldmann Verlag im Netz:

# Inhalt

# Vorwort

Wir sind auf einer Geburtstagsparty in München eingeladen. Tobias' Schwester Ina wird 40. Angereist sind wir aus Berlin, mit unserem Sohn Johann im Schlepptau. Ein pausbäckiges und fröhliches Kind, immer auf Entdeckungsreise. Wir haben ihn erfolgreich in seinem Reisebettchen zum Schlafen gebracht und treffen nun im Garten zum ersten Mal auf die anderen Gäste: Familie und alte Bekannte, aber auch ein paar neue Gesichter. Ina stellt uns einer Lehrerkollegin vor, Claudia, die ein Kind im Alter unseres Sohnes hat: »Das ist mein Bruder Tobias mit seiner Freundin Stefanie aus Berlin. Du musst dich mal mit ihnen unterhalten. Sie teilen sich die komplette Arbeit mit Kind und Haushalt. Und damit meine ich WIRKLICH teilen, nicht so, dass er ein bisschen im Haushalt hilft, wie das bei uns ist. Funktioniert offenbar ganz gut.« Ina zwinkert ihrer Kollegin zu, wir zwei grinsen verlegen. Dass sie das auch immer so herausstellen muss. Claudia schaut fragend, und Tobias beginnt zu erklären: »Na ja, wir versuchen halt, alle Lebensbereiche gerecht aufzuteilen: Kinderbetreuung, Haushalt und Erwerbsarbeit. Alles fifty-fifty. Bisher fahren wir damit ganz gut.«

Claudia zeigt sich interessiert. »Wann habt ihr das denn festgelegt? Kommt ihr finanziell klar? Ihr müsst euch ja bestimmt irre viel absprechen, ist das nicht anstrengend?« Die Fragen sprudeln aus ihr heraus. Nebenher lässt sie durchblicken, dass sie sich wünscht, ihr Mann wäre mehr zu Hause. Sie arbeite Teilzeit, habe mit Haushalt und Kinderbetreuung aber locker eine

70-Stunde-Woche. Inklusive Nachtschichten, denn ihr Mann sei viel unterwegs und brauche seinen Schlaf, damit er im Büro fit ist.

Seit Johanns Geburt haben wir genau diese Situation schon recht häufig erlebt. Sobald wir von unserer Vereinbarung erzählen, fragen die Leute uns ein Loch in den Bauch. Also haben wir beschlossen, einfach aufzuschreiben, wie unser Alltag mit ausgewogener Arbeitsteilung aussieht. Denn Begegnungen wie die mit Claudia haben uns gezeigt: Es gibt in unserer Gesellschaft ein seltsames Missverhältnis zwischen dem Wunsch nach einer gleichberechtigten Beziehung und dessen Umsetzung. Zumindest, sobald Kinder im Spiel sind.

Wenn man nämlich Kinder hat, stellt sich jedem Paar die Frage: Wie machen wir's? Wie teilen wir uns die Kinderbetreuung, den Haushalt, das Geldverdienen? Wer übernimmt wie und wo die Verantwortung? Wer geht wie lange in Elternzeit? Und opfert einer von uns seine Karriere? Studien belegen, dass es nach der Familiengründung mehrheitlich die Männer sind, die ihrem Beruf wie bisher nachgehen, während Frauen sich der Kinderbetreuung widmen. Ein Reflex. Nach der einfachen Formel: Er verdient halt mehr. Für manche Paare mag diese klassische Aufteilung zwar gut funktionieren; in vielen Partnerschaften wird die Situation jedoch nach wenigen Monaten zur Belastung. Was vorher so richtig und naheliegend schien, macht jetzt unzufrieden. Die frischgebackene Mutter stellt fest, dass die Betreuung eines Babys weniger spannend und viel anstrengender ist, als sie es sich vorgestellt hat. Der Vater, der sich im Job erst einmal richtig reingehängt hat, um den Familienunterhalt zu sichern, stößt an die Grenzen seiner Leistungsfähigkeit und fühlt sich zu Hause seltsam ausgeschlossen. Von Gemeinsamkeit keine Spur. Und wie man an dieser Situation dann etwas ändern soll, das weiß niemand. Schließlich hat man ja weitreichende Entscheidungen getroffen, die sich nicht mal eben rückgängig machen lassen.

Weil wir diese Probleme von Bekannten und Freunden kannten, sind wir das Thema schon während Stefanies Schwangerschaft ganz konsequent angegangen. Wir haben uns überlegt, wie Familie für uns praktisch ablaufen soll, und dabei gemerkt: Wir wollen beide beides. Kind und Beruf für jeden von uns. Auch für das Kind ist das am besten, davon sind wir überzeugt. Und so entdeckten wir das 50/50-Prinzip.

Allerdings nicht in Büchern. Die deutschsprachige Literatur über Schwangerschaft, Kindererziehung sowie Vater- oder Muttersein verliert kein Wort über die *gemeinsame* Elternschaft. Auch nicht über Strategien, die gewaltige Transformation des Elternwerdens gemeinsam zu bewältigen. Stattdessen klagen die Leute. »Junge Eltern scheitern an der Gleichberechtigung« titelt die *Süddeutsche Zeitung* am 23. April 2014 und schreibt, dass nur zwei Prozent aller Eltern es schaffen, ein wirklich gleichberechtigtes Familienmodell zu leben. Dass es nicht geht, dass die Paare es nicht wollen, dass die Gesellschaft nicht bereit ist. Natürlich erleben auch wir Probleme und Reibungen. Aber eben keine Unmöglichkeit, nichts, was sich nicht aus der Welt schaffen ließe. Und deswegen glauben wir: Dieses Buch ist überfällig.

Wir werden einfach erklären, wie wir es gemacht haben. Wie wir uns organisiert haben, als Johann noch klein war. Auf welche Probleme und an welche Grenzen wir gestoßen sind. Welche Konflikte sich aufgetan und welche Lösungen wir gefunden haben. Zusammen und jeder für sich.

Nicht jede unserer Erfahrungen wird sich auf andere Beziehungen übertragen lassen. Wir sind ein heterosexuelles Paar und wissen, dass sich die Frage der Arbeitsteilung in gleichgeschlechtlichen Beziehungen zwar auch stellt, aber dort häufiger gleichberechtigt ausgehandelt wird. Natürlich ist für jedes Paar vieles von äußeren Faktoren abhängig: davon zum Beispiel, wie der Chef tickt und wie viele Freiräume er oder sie gibt oder wie gut die Kinderbetreuungsmöglichkeiten vor Ort ausfallen. Und: Wir wollen niemanden umerziehen. Und glauben auch nicht, dass das möglich ist. Wie jeder von uns sein Leben und seine Beziehung gestalten möchte, ist schließlich individuell verschieden und hängt auch von persönlichen Prägungen und Sichtweisen ab. Wir können und wollen keine wasserdichte Anleitung geben, wie man sich nach der Geburt eines Kindes – einem Ereignis, das das ganze Leben durcheinanderwirbelt – als Paar verhalten soll. Auch ist dieses Buch kein Ratgeber. Mit keinem Wort werden wir Empfehlungen darüber abgeben, wie man am besten seine Kinder erzieht. Wir sind aber der festen Überzeugung, dass es für ein Kind eine sehr gute Sache ist, wenn es beide Elternteile um sich hat und beide als verlässliche Bezugspersonen und Vorbilder mit ihren jeweils eigenen Erziehungsstilen erlebt.

Unser Buch soll Paare dazu ermuntern, sich vor der Geburt eines Kindes, vielleicht sogar schon vor einer Schwangerschaft, zu fragen: Wie wollen wir leben? Was entspricht unseren Bedürfnissen und Ansprüchen? Welche Spielräume haben wir? Als Personen, als Individuen, nicht nur als Mann und Frau? Frauen sind im Beruf so gut qualifiziert wie Männer – zum Teil sogar besser –, während der »neue Mann« in aller Munde ist.

Wir haben eine andere Antwort gefunden als das klassische Rollenmodell. Eine Antwort, die uns beiden Möglichkeiten und Erfahrungen bietet, die uns und unserer Auffassung einer gleichberechtigten Beziehung entsprechen. Und sind glücklich damit.

# Zwei Striche, die mein Leben verändern.

## Stefanie

Kurz nach meinem dreißigsten Geburtstag, also vor ziemlich genau sieben Jahren, durchlebte ich eine turbulente Zeit. Ich hatte mich von meinem damaligen Freund getrennt. Oder er sich von mir? Daran kann ich mich gar nicht mehr so richtig erinnern, und es ist auch egal. Auf jeden Fall war klar, mit mir und den Männern, das wird vorerst nichts. Zu kindisch, zu verantwortungslos, zu sehr um sich selbst kreisend kamen sie mir vor, alle miteinander und insbesondere die meiner Generation. Spaß haben war allgemein erwünscht, Kinder und Pflichten nicht. Doch genau die wollte ich.

Ich wusste schon immer, dass ich eine Familie haben und Kinder bekommen möchte. Allerdings ohne als Hausfrau und Mutter allein die Verantwortung für ihre Betreuung und Erziehung zu tragen. Ich konnte mir auch noch nie vorstellen, Geld auszugeben, das jemand anderes für mich verdient. In einer Partnerschaft hat ein solches Ungleichgewicht für mich nichts zu suchen. Es ist mir wichtig, so viel Geld auf dem Konto zu haben, dass ich mich auch im Fall einer Trennung oder anderer unvorhergesehener Ereignisse selbst finanziell versorgen kann. Und vor allem möchte ich auf keinen Fall mehr Hausarbeit verrichten als unbedingt nötig. Es gibt für mich einfach keine einzige plausible Erklärung dafür, warum Frauen für sämtliche Familienmitglieder kochen, spülen oder Wäsche waschen sollten. Das soll nicht heißen, dass ich keinen einzigen Finger rühren mag. Eine aufgeräumte Wohnung ohne Wollmäuse in den Ecken und vielleicht sogar frische Blumen in der Vase auf dem Küchentisch sorgen für eine gewisse Behaglichkeit, für die ich gerne bereit bin, ein paar Stunden Arbeit die Woche aufzubringen. Und Spülen oder Staubsaugen kann nach einem anstrengenden Arbeitstag sogar eine meditative Kraft entwickeln. Als alleinige Beschäftigung würde es mich nicht zufriedenstellen.

Ich stelle mir mein Leben ausgewogen vor. Für mich gehören eine Familie, meine Arbeit, Freunde und Freizeit, eine nette Wohnung, aber auch politisches Engagement einfach dazu. Warum sollte ich auf einen dieser Bereiche verzichten, wenn ich ein Kind in die Welt setze? Von Männern wird das doch auch nicht erwartet, wenn sie Vater werden, oder? Mir ist klar, dass das Verlangen nach einem ausgeglichenen Lebensmodell nicht unbedingt vereinbar ist, mit, sagen wir mal, dem Wunsch danach, sehr viel Geld zu verdienen. Denn dann müsste ich all meine Energie in den Job stecken und Karriere machen. Momentan habe ich die Möglichkeit, viel zu arbeiten, und es macht mir Spaß. Wie das in Zukunft sein wird, werden wir sehen.

Auf einer Party in Berlin lernte ich vor etwa vier Jahren Tobias kennen, der schlau war, lustig und attraktiv, der die Filme und Bücher mochte, die mir auch gefielen, und der mich anscheinend auch ganz gut fand. Zumindest rief er mich wenig später an und täuschte einen Grund vor, warum er in Hamburg bei mir übernachten musste. Tobias ist Soziologe und arbeitete damals schon an der Universität. Spannend. Außerdem wusste er, dass ich als Journalistin tätig bin und das feministische *Missy Magazine* herausgebe, und er fand das richtig cool. Ich bin auch bereits Männern begegnet, die plötzlich extrem einsilbig wurden, wenn ich mich als »feministisch« bezeichnet habe. Trotz aller guten Vorzeichen war ich vorsichtig. Spaß ja, ernsthaft verlieben nein, lautete mein damaliges Mantra. Die Wochen nach unserem Kennenlernen nahmen irgendwann an Fahrt auf. Mal besuchte ich ihn in Berlin oder er mich in Hamburg. Die Gespräche, der Sex, alles war wunderbar. Sollte er vielleicht doch der »Richtige« sein? Falls es so etwas überhaupt gibt.

Eines Abends lagen wir im Bett, Tobias fuhr zärtlich mit der Hand durch meine Haare, und ich schmiegte mich an ihn. »Duu?«, fragte ich.

»Jaaa?«, antwortete er.

»Stell dir mal vor, wir wären im Urlaub. Meer und Sonne.« Pause. »Und die Kinder spielen am Strand.« Pause. »Sag mal. Willst du eigentlich Kinder?«

»Ja klar, schon lange«, sagte er. Perfekt, dachte ich in diesem Moment. Endlich mal nicht das Übliche: Kinder? Ach, ich weiß nicht, vielleicht später mal. Ich wagte einen weiteren Vorstoß: »Wenn wir die kriegen, dann kümmern wir uns aber gleich viel um sie, nicht wahr?«, fragte ich.

»Na klar«, antwortete er und gähnte. Ich war mir nicht sicher, ob er das nur so dahinsagte oder ob es ihm genauso ernst damit war wie mir. Egal. Bis zu den Kindern war es ja noch eine Weile hin. Zwei Jahre später zog ich von Hamburg nach Berlin. Und nach einem weiteren Jahr … war ich schwanger.

### Man soll die Feste feiern, wie sie fallen

An einem kalten, aber sonnigen Februarmorgen wache ich wie immer gegen acht Uhr auf. Ich trinke meinen Morgenkaffee und schalte den Rechner an. Oft checke ich schon vor dem Frühstück die ersten Mails. Als ich auf das Datum schaue, erkenne ich, dass meine Periode seit einer Woche überfällig ist. In meiner Schublade liegen vier Schwangerschaftstests. Eine Freundin, die nach langem Kinderwunsch endlich ein Baby bekommen hat, hat sie mir geschenkt. »Da, die brauche ich nicht mehr, aber vielleicht du irgendwann?« Von denen nehme ich mir einen und gehe ins Bad. Ich lese die Anleitung: draufpinkeln und abwarten. Erscheint ein Strich, bin ich nicht schwanger, erscheinen zwei Striche, bin ich schwanger. Ganz einfach eigentlich.

Nach zwei Minuten kann ich klar und deutlich zwei Striche erkennen. Schwanger also. Ich werde innerlich ganz aufgeregt. Dabei merke ich eigentlich noch gar nichts. Mein Körper fühlt sich ganz und gar unschwanger an. Normal, so wie immer. Keine Übelkeit, nichts. Vielleicht ist der Test kaputt? Ich schaue auf das Haltbarkeitsdatum: abgelaufen. Ein zweiter Test muss her, um Sicherheit zu erhalten, und so wiederhole ich das Prozedere. Wieder zwei Striche. Sicherheitshalber pinkle ich ein drittes Mal auf ein Stäbchen. Zwei Striche! Ich bin total aus dem Häuschen und rufe in die Küche rüber: »Hey Tobi, ich glaube, ich bin schwanger!«

Ich bin noch ganz ungläubig und freue mich riesig. Gleichzeitig wird mir bewusst, dass nicht alles perfekt ist – sind wir überhaupt schon so weit, Nachwuchs zu bekommen? Wir leben immer noch unser freies und ungebundenes Leben mitten in Berlin, haben keine großen Geldreserven und kein Häuschen mit Garten zum Toben. Braucht ein Kind nicht die Art von Stabilität, die sich aus solchen berechenbaren Faktoren ergibt? Auf der anderen Seite: Ein Kind kommt, wenn es kommt. Und zumindest am Anfang braucht es nicht Unmengen an Geld, sondern an Liebe. Außerdem soll man die Feste ja bekanntlich feiern, wie sie fallen, und das hier ist wirklich ein Fest. Tobias und ich sind nach einem kurzen Moment des Schocks über die unverhoffte Neuigkeit überglücklich.

Abgesehen von dem einen Gespräch zu Beginn unserer Beziehung haben wir uns nicht mehr wirklich über eine gemeinsame

Zukunft mit Kind unterhalten. Jetzt wird es ernst. Ich habe von vielen Freundinnen mitbekommen, wie bei denen die zuvor ganz selbstverständliche Gleichberechtigung in der Partnerschaft mit der Geburt des ersten Kindes abhandengekommen ist: Die Frauen sind nämlich in der Regel diejenigen, die im Beruf Abstriche machen und das Kind großziehen, während der Mann seiner Karriere nachgeht. Für mich ist das eine seltsame Vorstellung: Mein ganzes Leben soll sich ändern, während für Tobias alles einfach so weiterläuft wie bisher. Will ich das wirklich?

### Susanne sagt: »Das macht man doch so.«

Das Beispiel meiner Freundin Susanne macht mir erst einmal keinen Mut. Nach ihrem exzellent abgeschlossenen BWL-Studium arbeitete sie mehrere Jahre Vollzeit in der Marketingabteilung einer IT-Firma in Berlin. Unbefristete Festanstellung mit Weihnachtsgeld, Zulagen, Aufstiegschancen, alles top. Eine Karriereleiter, auf der sie die ersten Sprossen bereits erklommen hatte. Klar ärgerte sie sich mal über die Chefin oder die Kollegen, und manche Tage waren frustrierend, aber im Großen und Ganzen hatte sie einen super Job und war glücklich. Ihr Mann Stephan arbeitet im selben Unternehmen, sie haben sich dort kennengelernt. Er plant und verkauft als IT-Berater Softwarelösungen für Firmen vor Ort und ist deswegen viel unterwegs. Als Susanne vor drei Jahren schwanger wurde, war die Verteilung ohne viel Aufhebens klar: Sie nimmt das Jahr Elternzeit – er die zwei Vätermonate. Jetzt ist Tochter Emma im Kindergarten, das zweite Kind unterwegs und Susanne jobbt dreimal die Woche vormittags in einem netten Lädchen mit Geschenkartikeln. Stephan wurde inzwischen zum Teamleiter befördert und reist mehr denn je. Ich weiß nicht, ob Susanne sich das so vorgestellt hat. Seit Emma auf der Welt ist, sehen wir uns nur noch selten. Aber als wir einige Wochen später unseren Freunden und Bekannten die freudige Botschaft mitteilen, ist Susanne eine der Ersten, die ich anrufe. Ein lang gezogenes »Jaaa?« antwortet mir.

»Hey Susanne, weißt du was? Ich bin schwanger.«

»Na herzlichen Glückwunsch, endlich! Darauf habe ich ja gewartet. Willkommen im Club!« Susanne freut sich ehrlich. Sie liebt ihre Tochter sehr und empfindet sie als große Bereicherung für ihr Leben. Wir sprechen über dies und das, ich bekomme Tipps gegen Morgenübelkeit und erfahre, auf welcher Webseite man die schicksten Schwangerschaftsklamotten bestellen kann. Ich bin neugierig, wie zufrieden Susanne mit ihrer Situation mit Kind und Job ist.

»Ach weißt du«, sagt sie. »Es ist schon o.k.« Sie erzählt mir, dass sie sich manchmal komisch fühlt, fast schon wie eine alleinerziehende Mutter, weil sie es ist, die die Hauptverantwortung für Kinder und Haushalt trägt. Dass Stephan eben oft spät nach Hause komme, vor allem wenn er unterwegs ist und Emma dann nur am Wochenende sieht. Dass sie sich häufig streiten, weil er im Job gestresst ist und sie die eintönige Hausarbeit anstrengt. Stephan helfe zwar, wo er kann, wenn er mal da sei, aber das sei einfach zu selten.

Nach der Elternzeit wollte sie eigentlich wieder in die Firma einsteigen, aber der Abteilungsleiter hatte ihr schon vor ihrem Mutterschutzurlaub erklärt, ihr alter Posten wäre mit Teilzeit eh nicht zu vereinbaren gewesen. Sie wäre also auf einer anderen Position in ihrer Abteilung eingesetzt worden. Die Vorstellung, nun als Halbtagsjobberin einfache Aufgaben zu übernehmen, während die kinderlose Kollegin Karriere machte, hinterließ ein mulmiges Gefühl bei ihr. Außerdem hatte Susanne den Eindruck, auch unter den Kollegen nicht mehr so richtig willkommen zu sein. Als sie während der Elternzeit anrief, um zu erfahren, was es Neues gäbe, hieß es nur, sie solle sich mal entspannen, die Vertretung wäre ganz prima und sehr beliebt. Als sie eines Tages eine Kollegin auf der Straße traf, die durchblicken ließ, dass in ihrer Abteilung nun schon genug Mütter wären, auf die sie als Kinderlose immer Rücksicht nehmen müsse und dass die jüngere und kinderlose Vertretung da einfach besser passen würde, hatte Susanne genug. Deswegen ist sie dann nach der Elternzeit gar nicht erst zurückgekehrt. Stephans Einkommen reichte auch für die ganze Familie, wenn alle ein bisschen sparsamer lebten. Außerdem stand bei ihm ja die Beförderung zum Teamleiter an. Einige Monate später fiel Susanne jedoch die Decke auf den Kopf. Deswegen hat sie dann, als Emma in den Kindergarten kam, den Job in dem Geschenkeladen angenommen. Damit sie wieder mit etwas beschäftigt ist, »das nicht mit Bauklötzen und Bilderbüchern zu tun hat«. Und jetzt sei ja auch erst mal das nächste Kind dran, es wird übrigens ein Junge, Achim soll er heißen. »Und dann, in ein paar Jahren, gehe ich wieder zurück in meinen Beruf und finde hoffentlich einen Chef, für den Kinder kein Problem sind.«

Ich bin skeptisch. Wenn man sechs Jahre oder mehr aus so einem anspruchsvollen Job raus ist, kann man dann einfach wieder einsteigen? Wie ernst wird man dann überhaupt genommen? Susannes Erzählung, wie wenig willkommen sie nach der Geburt in ihrem Arbeitsumfeld war, klingt nicht vielversprechend.

Susannes Geschichte ist aber leider exemplarisch dafür, was im Normalfall passiert, wenn ein Doppelverdienerpaar ein Kind bekommt: Die Rollenverteilung verschiebt sich fast unbemerkt von gleichberechtigt zu traditionell. Obwohl es über 40 Jahre her ist, dass Frauen angefangen haben, gegen die drei Ks (Kinder, Küche, Kirche) zu demonstrieren, hat sich die Arbeitsteilung in Beziehungen mit Kindern letztlich kaum verändert.

Diese starren Geschlechterrollen bleiben sogar bestehen, nachdem die Frau – im Schnitt fünf Jahre nach der Geburt des ersten Kindes – wieder in den Beruf zurückkehrt. Während er seinen Job macht, ist sie für Job, Kinder *und* Haushalt zuständig. Vor allem vor dem Hintergrund, dass sich die Biografien von Frauen im letzten Jahrhundert revolutionär verändert haben, kommt mir diese Aufteilung wie ein Überbleibsel aus Omas Mottenkiste vor. Ich habe Angst davor, in einer solchen Spirale zu landen, an deren Ende ich wie Betty Draper in der Fernsehserie *Mad Men* in einem kleinen Haus in der Vorstadt sitze und mich nur um die Kinder und den Garten kümmere und um sonst nichts. Unausgelastet und unterfordert. Mit einem leckeren Cocktail vorm Lunch, damit das Leben wenigstens so ein bisschen bunter wird.

Ich frage Susanne, warum sie und Stephan sich so entschieden haben. Sie hat doch ähnlich gut verdient wie ihr Mann, ökonomische Gründe können also keine Rolle gespielt haben. »Ich habe das gar nicht entschieden, ehrlich gesagt. Wir haben einfach nicht langfristig geplant«, erklärt sie. »Die Entscheidung war eigentlich nur die, dass ich das erste Jahr zu Hause bleibe. Zwölf Monate nehme ich Elternzeit, zwei Monate Stephan. Und das macht man doch so! Das Kind wächst nun mal im Bauch der Frau heran. Sie hat die Geburt und die Schmerzen. Sie stillt. Das geht mit Job doch sowieso nicht.« Davon ausgehend, so erzählt sie weiter, hätten alle weiteren Schritte Sinn gemacht. Stephan hätte dann diese Beförderung bekommen, »da kann man dann doch nicht einfach auf Teilzeit gehen.« Sie hätte den Job geschmissen, »und nun kommt eben das nächste Kind«.

»Das macht man doch so«, hatte Susanne ihre Situation kurz und bündig zusammengefasst. Aber *warum* macht man das eigentlich so? Das Nationale Bildungspanel, die größte sozialwissenschaftliche Studie der Welt, liefert interessantes Datenmaterial zu Susannes und Stephans Dilemma. Die sind nämlich keine

Ausnahme, sondern statistisch gesehen ziemlicher Durchschnitt. Obwohl Frauen im 20. Jahrhundert die Bildungsaufsteiger sind, werden sie nach der Geburt des Kindes wieder zu Vollzeitmüttern – während die Männer Karriere machen. Der Leiter des Panels, Hans-Peter Blossfeld, erläuterte die Daten 2012 im Interview mit der *ZEIT* und führt als Grund vor allem unser Wertesystem an: »Da wirken uralte normative Muster. Es gibt in unserer Gesellschaft immer noch feste Vorstellungen davon, was Frauenarbeit ist und was Männerarbeit. Wenn er das Auto repariert, macht er das nicht zwangsläufig, weil er das besser kann, sondern weil er zeigen kann: Ich bin ein Mann. Und wenn sie die Wäsche macht, dann auch, weil sie damit zeigen kann: Ich bin eine Frau.« Diese festen Vorstellungen durchziehen unsere gesamte Gesellschaft, sorgen dafür, dass Frauen in schlecht bezahlten Pflegeberufen arbeiten und Männer häufiger in Führungspositionen anzutreffen sind.

Susanne und Stephan sind also schon mal kein Vorbild für mich. Ich liebe meinen Job als Journalistin. Ich möchte weiter arbeiten. Ich möchte mir die Chance auf einen beruflichen Aufstieg wenigstens nicht verbauen, auch wenn ich in den nächsten Jahren mit Kind vielleicht nur wenig Energie haben werde, um wirklich Karriere zu machen. Außerdem finde ich, es muss in der Welt gerecht zugehen. Bisher haben Tobias und ich alles gleichberechtigt geteilt – warum also nicht auch mit Kind? Wir spülen das Geschirr abwechselnd, und den Großputz in der Wohnung machen wir immer samstags, vor dem gemeinsamen Einkauf. Jeder von uns legt seine eigene Wäsche zusammen, und wer etwas gebügelt haben will, holt das Bügeleisen selbst heraus. Klar, in der Generation unserer Eltern ist auch das schon eher selten, da gibt es noch viele Männer, die sich höchstens mal ein Spiegelei in die Pfanne hauen, wenn die Frau beim Freundinnenabend ist. Auch meine

Mutter war und ist letztendlich für den Haushalt verantwortlich, obwohl sie arbeitet und sechs Kinder großgezogen hat.

Immer mehr Punkte fallen mir ein, die ich mit Tobias besprechen möchte: Wie wollen wir die Elternzeit verteilen? Kann er sich vorstellen, im Job Abstriche zu machen? Wie lange soll das Kind gestillt werden? Wie viel Geld brauchen wir mindestens für unseren Alltag?

### Keiner macht wirklich Karriere

In meinem Freundeskreis gibt es natürlich noch mehr Paare außer Susanne und Stephan. Amina und Tim zum Beispiel kenne ich noch aus der Uni. Amina leitet halbtags den Kunstverein einer brandenburgischen Kleinstadt, Tim ist Büromanager in einem Architekturbüro. Die beiden haben zwei Söhne, den fünfjährigen Paul und den dreijährigen Lukas.

Wir treffen uns an einem schönen Sonntagnachmittag auf einen Kaffee, um Neuigkeiten auszutauschen. »Wir leben tatsächlich ziemlich gleichberechtigt, bei uns funktioniert das ganz gut«, erzählt Amina. »Außer mit den Karrieren, die machen wir beide nicht. Wir wollen einfach so viel Zeit wie möglich mit unseren Kindern verbringen.«

»Wieso lässt sich das nicht miteinander vereinbaren?«, frage ich.

»Na ja«, antwortet sie. »Wir haben das mit der Arbeit erst mal so nicht geplant. Ich wollte eigentlich den nächsten Karriereschritt machen und einen Job in einem größeren, angeseheneren Museum anfangen, nicht mehr nur den kleinen Kunstverein leiten. Aber das wäre in Teilzeit nicht möglich gewesen.« Auch Tim hat seine Stelle nach der Geburt von Paul und Lukas auf 75 Prozent reduziert, um bei den Kindern zu sein.

»Aber fehlt euch das Geld nicht?«, frage ich.

»Ja klar«, sagt Amina, »unsere kleine Wohnung geht uns wirklich langsam auf die Nerven. Und an einen Umzug ist nicht zu denken, bei den explodierten Mietpreisen der letzten Jahre.«

Amina erklärt mir ihr Modell: Die Kinder sind montags bis freitags bis 15 Uhr in der Kindertagesstätte. Sie selbst fährt an drei Tagen die Woche ins Brandenburgische, um ihren Job im Kunstverein zu erledigen. An diesen Tagen holt Tim die Kinder von der Kita ab, sie an den anderen zwei. In der Regel ist ihre Arbeit aber nicht so stark getaktet. Vor einer Ausstellungseröffnung muss sie Vollzeit arbeiten, danach hat sie Ruhe. Sie hat als künstlerische Leiterin keine richtige Chefin; wie sie sich ihre Arbeit im Detail einteilt, ist also allein ihre Sache. Wenn viel los ist, kommen Aminas Eltern vorbei, die außerhalb der Stadt wohnen, um die Kinder zu hüten. »Wir würden gerne öfter auf Oma und Opa zurückgreifen, aber sie müssen immer anderthalb Stunden anreisen, was auf Dauer für sie zu anstrengend ist«, sagt Amina. »Sie sind ja auch nicht mehr die Jüngsten.«

Und Tims Eltern?

»Na, Tim kommt doch aus Freiburg, 800 Kilometer für einmal Babysitten wäre ein bisschen heftig.«

Aminas und Tims Lebensweise gefällt mir besser als die von Susanne und Stephan, allerdings bringen die beiden auch ganz andere Voraussetzungen mit: Amina ist relativ frei in ihrer Arbeit, während Tim einen sicheren Job mit regelmäßigen Arbeitszeiten hat. Beide haben recht viel Zeit für die Kinder, aber weniger Geld. Lohnt sich der Tausch? Zeit gegen Kohle?

Um eine weitere Meinung zu dieser Frage einzufangen, greife ich abermals zum Hörer und rufe Franziska an, Tobias' Patentante. Ihre Kinder sind heute erwachsen und aus dem Haus. Franziska selbst war in den 1980ern total frauenbewegt. Sie hat damals einen Kinderladen gegründet, in dem die Eltern sich mangels staatlicher Kinderbetreuung selbst organisiert haben. Sie und ihr Mann haben sich bewusst dafür entschieden, Kind, Haushalt und Job zu teilen. »Hat es sich denn gelohnt?«, ist die Frage, die mir auf der Seele brennt.

Franziska muss allerdings erst mal ihren Ärger loswerden. »Dass das heute immer noch Thema ist, hätte ich mir damals auch nicht träumen lassen.« Ich höre sie durchs Telefon schnauben. »Ich dachte ja, dass es viel schneller ginge mit dem gesellschaftlichen Wandel. Damals war es eine richtige Aufbruchsstimmung. Wir wollten es anders machen als unsere Eltern. Wenn ich mir die jungen Leute heute anschaue, scheint davon nicht mehr viel übrig zu sein. Als ob es uns nie gegeben hätte. Und jetzt müsst ihr schon wieder das Rad neu erfinden.«

»Aber bereust du denn eure Entscheidung?«, hake ich nach.

»Keine Sekunde«, sagt sie. »Es ist toll, so als Team zu funktionieren. Das Einzige, was uns nachdenklich stimmt, ist, dass keiner von uns wirklich Karriere gemacht hat. Die kinderlosen Kollegen oder diejenigen, die zu Hause eine Frau sitzen haben, sind an uns vorbeigezogen. Dafür trennen sich nun die Paare mit der klassischen Rollenverteilung reihenweise, weil die Frauen sich langweilen, da die Kinder aus dem Haus sind, und die Männer sich mit ihren jüngeren Kolleginnen amüsieren.«

Franziska klingt schon ein bisschen bitter, finde ich. Keine Ahnung, ob sich ihre Mutmaßung auch wirklich beweisen lässt. Zumindest kenne ich auch glückliche Paare mit klassischer Rollenverteilung und nehme an, dass über Glück oder Unglück in der Beziehung ganz offensichtlich nicht allein die Arbeitsteilung entscheidet. Franziska ist da anderer Meinung: »Ich denke, zwanzig Jahre in komplett unterschiedlichen Sphären hinterlassen ihre Spuren. Diese Paare haben sich nichts mehr zu sagen.«

Aber ihr?

»Wir schon. Das ganze Leben gemeinsam, Hand in Hand, das schweißt zusammen.«

Mir wird klar: Wenn Tobias und ich es wirklich anders machen wollen als unsere Eltern und Paare wie Susanne und Stephan, dann müssen wir uns ziemlich genau überlegen, wie wir das anstellen wollen. Und zwar von Anfang an. Wir müssen uns vor allem mit praktischen Fragen auseinandersetzen, zum Beispiel damit, wie viel Geld wir brauchen und wer es verdient. Was bedeutet das für meinen Job, wenn ich einen Teil der Verantwortung für das Familieneinkommen trage? Wenn ich ehrlich bin: Dieser Frage bin ich bisher ausgewichen. Ich habe mich beruflich bisher weniger an Einkommen und Karriere orientiert als vielmehr daran, das zu tun, was mir Spaß macht. Mein Status als freie Journalistin bietet mir viele Freiheiten, die habe ich aber gegen die Sicherheiten einer festen Anstellung eingetauscht. Und was ist mit Tobias? Können wir auf einen Teil seines Einkommens verzichten? Möchte er ein aktiver Vater sein?

Mein Kopf schwirrt. Wir müssen realistisch sein und möglichst langfristig planen. Tobias, ich glaube, wir sollten uns mal ernsthaft unterhalten!

# Klar will ich mal Kinder!

## Tobias

Ich stehe in der Küche am Fenster und genieße den ersten Schluck Kaffee am Morgen. Die Sonne scheint mir ins Gesicht, draußen ist es saukalt, ein klarer Winterdienstag. Gleich muss ich los zur Arbeit in die Uni. Im Radio läuft Musik, Stefanie ist schon seit längerer Zeit im Bad zugange. Plötzlich höre ich einen kurzen Schrei und dann Stille. Nach etwa einer Minute recht deutlich der Satz: »Hey Tobi, ich glaube, ich bin schwanger!« Nächster Schluck Kaffee. Zu mehr reicht es gerade nicht, meine Reaktionsfähigkeit ist irgendwie blockiert. Aber das gleißende Licht draußen hat sich verändert, jetzt ist es noch klarer. Ob das, was ich daraufhin höre, ein Gefühl ist oder eine Stimme, kann ich kaum mehr sagen, ziemlich überzeugend ist es aber. Ich fühle mich ertappt. »So, mein Lieber, haben wir dich also erwischt. Bist uns lange genug davongelaufen, aber jetzt haben wir dich. Jetzt ändert sich *alles*, das kannst du glauben. Willkommen im echten Leben. Jetzt geh ruhig mal rüber und schau dir die Streifen auf dem Test an.« Ich sehe mich um, aber da ist niemand. In diesem Augenblick meldet sich eine weitere Stimme in mir, die ein recht deutliches »Endlich!« hervorbringt. Ich muss wie verrückt grinsen: Endlich werde ich Vater! Endlich ändert sich alles!

Von drüben ruft Stefanie: »Hey, hast du nicht gehört, ich glaub, ich bin schwanger! Nee, ich *bin* schwanger. Schau mal!« Sie kommt aus dem Bad und zeigt mir den Test. Und tatsächlich sind da diese zwei Streifen drauf. Wie oft hab ich diese Szene schon im Fernsehen gesehen? Wir küssen und umarmen uns, so fest es geht. »Uihhh! Wir bekommen ein kleines Baby!«, ruft Stefanie in meinen Nacken hinein und drückt sich an mich. Ewig umarmen wir uns und lachen uns glücklich und überrumpelt an. Ich wollte immer Kinder haben, und Stefanie ist die Frau meines Herzens – ich könnte platzen vor Glück!

Die ersten Tage zu zweit mit der freudigen Nachricht sind schon sehr merkwürdig und ein klein wenig unwirklich. Ich weiß gar nicht, wohin mit meinen Gefühlen. Was ich alles machen werde mit meinem Kind! Wie stolz ich sein werde! Welchen Weg unsere Leben jetzt einschlagen werden!

Dazwischen aber meldet sich wieder die mahnende Stimme, die so ganz unromantisch klingt. »Hast du dir eigentlich schon mal überlegt, wie du das alles hinbekommen willst? Kannst dich ja gerade selbst über Wasser halten. Wie siehst du deine Rolle als Vater und Versorger?« Väterliche Rollenbilder und -erwartungen knallen voll rein, reflexhaft sehe ich eine Liste vor mir mit allem, was ich von nun an tun und lassen muss. Ich schaue auf meine Freunde mit Kindern und mir fällt auf, dass ich keine Ahnung habe, wie die das alles auf die Reihe kriegen. Große Freude und ebenso große Unsicherheiten wechseln sich ab.

### Tobi, wir müssen reden

Diese Kopfdisko dauert ein paar Wochen an. Es ist eine komische Situation, wenn man seine unglaublichen News laut rausrufen will und es nicht darf. Obwohl Stefanie und ich uns bis zum Ende des dritten Schwangerschaftsmonats kaum Sorgen machen, das Baby zu verlieren, halten wir uns an die Regel. Wir wollen auf Nummer sicher gehen. Erst nach zwölf Wochen teilen wir die freudige

Nachricht unserer Familie und den Freunden mit. Wir sind selig vor Glück. Und obwohl uns beiden sofort klar war, dass wir das Kind bekommen wollen, macht Stefanie manchmal einen etwas nachdenklichen Eindruck. Angesichts der Tragweite der Veränderung ist das aber auch kaum verwunderlich. Natürlich hatten wir mal irgendwann darüber gesprochen, dass wir beide gern Kinder hätten. Da ging es aber in erster Linie darum, *dass* wir eine Familie haben wollen, und nicht um die Frage, *wie* wir das angehen werden. Über die ersten Monate der Schwangerschaft hinweg reden wir viel darüber, wie bestimmte Einzelheiten in unserem Alltag mit Kind aussehen werden. Aber das ist alles noch sehr – wie soll ich es sagen – unverbindlich. Ich spüre, dass sich bei Stefanie trotz aller Freude auch ein paar große Fragezeichen bilden.

Irgendwann im Juni – die Schwangerschaft geht bald in ihr letztes Drittel und wir wissen mittlerweile, dass wir einen Sohn erwarten – kommt es dann zu *dem* Gespräch. Stefanie meint, wir müssten jetzt mal übers Wesentliche reden. Wir gehen dazu in einen Biergarten in der Nachbarschaft. Dort wird sogar geraucht, was ich natürlich doof finde, aber wir sind ja draußen, und Steffi scheint es nicht zu stören. Ich bestelle eine Cola – jetzt ist keine Zeit für alkoholisierte Lippenbekenntnisse.

Stefanie geht gleich in die Vollen. »Tobi, ich freu mich total darauf, mit dir ein Kind großzuziehen und eine Familie zu haben, ich bin megahappy. Das weißt du eh alles, hab ich dir ja schon tausendmal gesagt. Aber mir ist wichtig, dass wir uns das wirklich konsequent aufteilen.«

»Natürlich«, sage ich, »das haben wir doch auch schon besprochen, oder? Ich kümmere mich genauso um das Baby wie du.«

»Ja genau. Aber weiter als bis zu dem Punkt sind wir bis jetzt nie gekommen. Wir müssen uns mal in allen Konsequenzen überlegen, wie das sein wird. Es wäre doch furchtbar, wenn einer von uns irgendwann meint, dass alles ganz anders läuft, als er sich das vorgestellt hat.«

»O.k.«, sage ich. »Dann gehen wir alles einmal durch. Elterngeld und Elternzeit, wer was wann nimmt. Also ich nehme gern sehr lange Elternzeit. Dann die Frage, wann du wieder arbeiten gehst. Wie wir uns den Alltag gerecht aufteilen können, das werden wir ja sehen, wenn der Kleine auf der Welt ist, oder?«

»Genau die Sachen, ja. Aber dass wir uns auch mal vor Augen führen, was wir mit so einem gleichberechtigten Modell für Abstriche in Sachen Karriere machen müssen. Ich glaube nämlich nicht, dass da für irgendwen mehr als 35, 36 Stunden die Woche möglich sein werden. Höchstens mal für gewisse Phasen. Falls du die Uni irgendwann verlassen solltest, findest du vielleicht nicht mehr so eine familienfreundliche Umgebung.«

Darüber habe ich natürlich schon viel nachgedacht. Tatsächlich erscheint mir die gleichberechtigte Verteilung aller unserer Lebensbereiche der einzig logische Weg für uns. Mein jetziger Job erlaubt das in jeder Hinsicht. Wenn mein Vertrag an der Uni in zwei Jahren ausläuft, müssen wir einfach erfinderisch sein. Wir sprechen alles an, was uns nur einfällt und wie wir uns in verschiedenen Szenarien verhalten und arrangieren wollen. Haushalt, Kinderbetreuung, Arbeit, Urlaube, Freizeit und natürlich auch unsere eigene Beziehung. Die Zeit vergeht, um uns herum kommen und verschwinden die Leute. Stefanie und ich sind vollkommen in unsere – zukünftige – Welt abgetaucht.

»Gut«, sagt Stefanie schließlich, »ich bin wahnsinnig erleichtert, dass wir einen ungefähren Fahrplan machen, *bevor* das Kind da ist. Gerade weil es für uns noch nicht ganz klar ist, wie es beruflich die nächsten Jahre aussieht. Es ist super, dass wir mit unseren Vorstellungen fast nie großartig auseinanderliegen. Das war nämlich immer eine meiner größten Ängste, ehrlich gesagt.«

»Mich freut das auch. Und wie!«, entgegne ich. »Auf die Details werden wir ja weiter immer mal zu sprechen kommen, aber es ist schon ganz gut zu sehen, was für umfassende Veränderungen jetzt anstehen. Erst recht, wenn wir uns das so fifty-fifty teilen wollen.«

Das vorläufige Ergebnis unseres Gesprächs: Der Job des einen ist nicht wichtiger als der des anderen. Stefanie gibt ihr gesellschaftliches Privileg als Hauptelternteil auf und ich meine Rolle als Haupternährer. Unser Ziel ist es, alle Lebensbereiche gerecht aufzuteilen: Kinderbetreuung, Haushalt und Erwerbsarbeit. Wir nehmen beide Elternzeit, wickeln, wiegen, füttern. Wir nehmen Elternzeit (ich neun Monate) oder arbeiten Teilzeit, bis unser Kind mit einem Jahr dann in die Betreuung kommt. Wir beide spülen und waschen die Wäsche. Zwar wissen wir noch nicht, wie das in der Praxis aussehen soll, aber wir haben eine Entscheidung getroffen. Eine, die auf Stefanies Initiative hin entstanden ist, ja, aber auch eine, die vom Gefühl her und nach unserem Gespräch für mich ganz klar die richtige ist. Von der Freiheit und Gleichberechtigung, die wir beide bisher in unserer Beziehung genossen haben, soll möglichst viel übrig bleiben, wenn wir bald eine Familie sind. *Das 50/50-Prinzip ist geboren.*

Wir hoffen, dass wir keine Listen am Kühlschrank brauchen werden, in denen wir penibel Buch führen, damit ja keiner zu viel abspült oder Flaschen wegbringt. Wir sind schließlich keine WG und wollen uns nicht noch mehr Arbeit machen, als wir eh schon haben. Es wird immer Sachen geben, um die sich irgendwer ausschließlich kümmert, weil er/sie etwas besonders gut kann. Ausgeglichen soll es halt sein. Wir wollen dieses Gleichgewicht zwischen uns nicht nur in der ersten Zeit erreichen, sondern langfristig. Auch dann, wenn wir beide wieder möglichst Vollzeit arbeiten. Es ist ab sofort unser partnerschaftlicher Entwurf. Für die Zukunft mit vielleicht mehreren Kindern. Für so lange wir halt zusammen sind. Nachdem das jetzt beschlossene Sache ist, brauche ich aber doch erst mal ein Bier, glaube ich.

Ich hoffe, dass wir mit diesem Fahrplan nicht nur einer netten, aber völlig unumsetzbaren Idee hinterherlaufen. Unser Kind wächst im Bauch der Frau, die ich liebe. Wir sind unglaublich gespannt und erhoffen uns, als Familie so ein glückliches und ausgewogenes Leben hinzubekommen, wie wir das in unserer Beziehung bisher geschafft haben.

### Was macht den tollen Vater aus?

Von Freunden höre ich immer wieder, dass ich bestimmt mal ein toller Vater sein werde. Aber was zeichnet den tollen Vater denn eigentlich aus? Ist er erfolgreich, ist er cool, welche Eigenschaften machen ihn zum Vorbild? Wie viel Zeit verbringt er mit seinen Kindern? Ist es denn wichtig, dass er ein gleichberechtigter Papa ist? Diese Fragen allein zu beantworten kommt mir viel schwieriger vor, als mich mit Steffi auf das 50/50-Prinzip zu einigen. Die Suche nach meinen eigenen Erwartungen führt zunächst einmal wieder zu lauter Träumen und Bildern.

Romantische Fetzen, die aussehen wie der *NEON* und *NIDO* entsprungen: Ich lese am Lagerfeuer Jack-London-Bücher vor. Mache Schnitzel, wenn die Mama mal nicht da ist. Ich am Steuer eines Bootes, die Kinder schlafen in Handtücher eingewickelt, erschöpft von Wind und Sonne. Wir haben die Kleinen auf dem Fahrrad und fahren singend durch die Stadt. Eins der Kinder ganz oben auf einem Siegerpodest, ich verkneife mir eine Träne. Stefanie am Steuer eines VW-Busses, ich ein Bier in der Hand, und wir singen alle zusammen. Stefanie spritzt uns im Sommer alle mit dem Gartenschlauch ab, und wir essen mit glücklichen Gesichtern Eis in der Sonne. Sie und die Kinder steigen aus einem Zug, und wir fallen uns in die Arme. Immer schön im Gegenlicht, alles. Genau, wie die Werbung das Elternsein darstellt. Aber auch verständlich, so malt man sich halt eine harmonische, funktionierende Zukunft aus. Kaum überraschend, dass da keine Bilder eines zähen Familien- beziehungsweise Vateralltags dabei sind.

Es wird mir in diesen Tagen klar, wie wenig ich mir bisher wirklich Gedanken über dieses alles entscheidende Thema gemacht habe. Musste ich ja auch nicht. Aber darin steckt eben die große Gefahr, wenn man keine Meinung hat und die Weichen dann so gestellt werden, wie es nur für den Moment gerade passend erscheint, weil irgendwer – fast meistens ist es der Mann – gerade einfach mehr Geld verdient.

Auf die Weise werden Entscheidungen getroffen, die langfristig einen ziemlichen Griff ins Klo bedeuten können. Schaue ich mich in meinem Bekanntenkreis um, dann muss ich nicht lange suchen, bis mir einer sagt, er stecke jetzt halt drin in der Alleinverdienernummer und das gehe mindestens die nächsten paar Jahre so weiter. Und das nur, weil dieses Modell nach der Geburt den größten Wohlfühlfaktor versprach und er allen zeigen konnte, dass er ein guter Vater ist und die Hosen anhat.

Mein Kumpel Lars und seine Freundin Anna sind so ein Paar. Sie haben sich während des Jurastudiums in Passau kennengelernt, nach dem zweiten Examen ging es für beide durch diverse Stationen. Anna machte einen Job in Brüssel und einen wichtigen Zusatzabschluss in Polen, Lars promovierte, arbeitete aber schon in einer Hamburger Kanzlei, die Fernbeziehung funktionierte super. Weil Lars aber mit seiner Spezialisierung so ein gutes Gehalt bekam, war klar, was passieren würde, als Anna mit 31 schwanger wurde.

Sie zog zu ihm und war zumindest das erste Jahr ganz für die Tochter da. Soweit ist das auch alles vollkommen o.k. Aber Annas Wiedereinstieg gestaltete sich schwierig, Hamburg ist teuer und

Lars arbeitete 60 Stunden die Woche, nach seiner zweimonatigen Elternzeit sogar noch mehr. Beide finden das blöd, »aber es ist ja nur eine Phase«, und wenn schon, denn schon, »dann bekommen wir halt gleich Kind Nummer zwei.« Seit der Geburt von Britt ist Anna jetzt also mit zwei Kindern zu Hause, seit drei Jahren aus dem Job und total frustriert. Und Lars kann nur mit den Schultern zucken: »Was soll ich machen? Ich verdiene halt mehr, das schien doch die logische Entscheidung zu sein.« Die Kinder sieht er morgens kurz und am Wochenende, aber im Job wird er für seine väterliche Aufopferung total geschätzt, schließlich wird sich die für die Kinder einmal »auszahlen«, im wahrsten Sinne des Wortes.

Egal, wie sie ihre Situation einschätzen, ich würde Lars und Anna nie das Recht absprechen, sich für dieses Modell zu entscheiden. Den Reflex, sich so aufzuteilen, entdecke ich ja sogar bei mir selbst! Ich weiß aber genau, dass dieses Modell aus einer ganzen Reihe von Gründen nicht zu mir passt. Ich will kein Projekt Familie, bei dem der Kompromiss für den Vater der ist, noch mehr zu arbeiten und noch weniger verfügbar zu sein. Ich bin dankbar, dass Stefanie mich darauf aufmerksam gemacht hat und unsere Mission so konsequent verfolgt. Familieneinkommen und Familienarbeit sollen unser beider Aufgaben sein.

Es ist schon ziemlich klar, dass sich für mich die Frage, was einen guten Vater ausmacht, darüber beantwortet, wie man das ganze Paket mit Partnerschaft, Arbeit, Erziehung und Haushalt regelt. Ich will ein Papa sein, der arbeitet und zu dem sein Kind aufschauen kann, für den die Arbeit aber nicht der Lebensmittelpunkt ist.

### Warum so programmatisch?

Stefanie und ich haben in den vier Jahren, die wir jetzt zusammen sind, immer eine gleichberechtigte Beziehung geführt, wir passen einfach zusammen. Ohne darüber zu sprechen, ganz von selbst. Als wir noch eine Fernbeziehung geführt haben, haben wir uns abwechselnd besucht. Wenn wir im Urlaub waren, hat jeder seins gezahlt oder wir haben uns gegenseitig eingeladen. Wir haben ordentlich gefeiert. Wo wir uns gegenseitig unterstützen können, tun wir das, wie andere Paare auch.

In unseren Überlegungen dazu, wie wir das mit der gleichberechtigten Aufteilung zusammen anstellen wollen, sind uns nur komischerweise keine Beispiele von Leuten eingefallen oder begegnet, die unser Vorbild sein könnten. Keine Promis, keine Freunde oder Bekannten, keine Kollegen, bei denen man sich irgendwie denken würde: »So wie die machen wir's auch!« Und das bringt uns in eine ziemlich blöde Situation: Wir wissen, dass die Gefahr besteht, trotz des guten Modells in der Praxis damit ganz leicht scheitern zu können.

Was wir uns da hochtrabend vorgenommen haben, haben sich vor uns vielleicht schon viele Paare gedacht und es dann doch nicht umsetzen können. Nach dem Motto »Egal, der Vorsatz zählt«, aber alles wird wischiwaschi. So etwas wollen wir auf alle Fälle vermeiden. 50/50 ist nun mal unsere Antwort auf die Frage, wie wir von der bisherigen fairen Verteilung möglichst viel beibehalten können. Und auf die Fragen: Wie gleichberechtigt wollen und vor allem können wir mit Kindern und Beruf sein? Wie bekommen wir Arbeit und Familie unter einen Hut, ohne uns dabei zu zerreißen oder in Rollen reinpressen zu lassen, auf die wir keine Lust haben?

Stefanie und ich beschließen deshalb, den 50/50-Entwurf ganz programmatisch und präsent zu unserem Partnerschaftsmotto zu machen. Mit der Konsequenz, dass es manchmal – besonders, wenn wir anderen davon berichten oder danach gefragt werden – etwas uncool wirkt. Oder besser gesagt, es kommt ziemlich politisch rüber. Mit Mitte 30 sind die meisten eigentlich raus aus der politischen Phase. Doch es geht nicht anders, wir wissen einfach keinen alternativen Weg. Es reicht nicht zu sagen, dass Gleichberechtigung einen wichtigen Wert für uns darstellt, wenn wir das nicht leben. Wie es mit Baby tatsächlich sein wird, da habe ich natürlich keinen blassen Schimmer. Wie es sich anfühlen wird? Bestimmt super. Ich freue mich wahnsinnig drauf! Stefanie und ich haben uns entschieden: Wir ziehen das jetzt 50/50 durch.

# Mittendrin statt nur dabei.

## Tobias

Er ist da! Wir sind erschöpft und glücklich, Stefanie noch ein bisschen erschöpfter als ich. Ein Spaziergang ist die Geburt eines Kindes ja in den seltensten Fällen, aber ich kann Familie und Freunden schreiben, dass alles gut gegangen ist und wir nun einen gesunden und sehr süßen Sohn namens Johann bei uns haben. Wenige Stunden nach der Geburt sind wir auch schon wieder zu Hause. So hatten wir es uns gewünscht und weil Johann mittags auf die Welt gekommen ist, kann sich Stefanie im letzten Sonnenlicht mit dem Baby daheim in unser Bett legen. Alles ist vorbereitet. Ich bin jetzt Vater und fühle mich groß und frei!

Es gibt Situationen im Leben, auf die ein Wort besonders gut passt, und »fassungslos« trifft meinen Zustand in den Stunden der Geburt und danach schon ziemlich genau. Einfach alles ist außer Kraft gesetzt. Ich bin nicht nur gerührt, sondern ziemlich geschüttelt. Als wir zum ersten Mal zu dritt und ohne Hebamme oder Ärzte im Kreißsaal waren, musste ich sofort heulen. Sich einen solchen Moment mit all den Erwartungen, die daran geknüpft sind, nicht nur vorzustellen, sondern ihn tatsächlich auch zu erleben, hat etwas Gewaltiges. Insgesamt habe ich mich ganz gut geschlagen, glaube ich. Ich konnte ein bisschen helfen und tatsächlich etwas anwenden, das ich im Geburtsvorbereitungskurs gelernt habe: Während der Wehen hat Stefanie eine Stellung geholfen, die wir vor Wochen geprobt hatten. Ansonsten bin ich cool und konzentriert geblieben. Ich war kein Ballast, kein geduldeter Zaungast. Nun bin ich einfach nur erleichtert, dass Stefanie und das Baby wohlauf sind und dass mein neues Gravitationszentrum nicht mehr in Stefanies Bauch ist, sondern zum Anfassen nah zwischen uns liegt.

Als Mutter und Kind vor sich hin dämmern und ich mit meinen Gedanken überall bin, kommt mir ein Kollege in den Sinn, der kürzlich auch zum ersten Mal Vater geworden ist. Der ließ mich im Büro ganz konspirativ wissen, er hätte im Kreißsaal einen Flachmann dabeigehabt und ein paar kräftige Schlucke seien wirklich seine Rettung gewesen.

Hmmm. Schwierig.

Also sich nach der Geburt – wenn alles überstanden ist – zur Beruhigung einen genehmigen, finde ich ja noch o.k. Im Kreißsaal aber bitte nicht, das ist doch mehr als bescheuert. Was ist, wenn es Komplikationen gibt? Hilft dann nur noch mehr trinken? Und selbst wenn alles i. O. ist, ich bin sicher, dass es im Laufe der nächsten 18 Jahre noch genug Gelegenheiten geben wird, sich wegen der Kinder zu besaufen. Was hat der Kollege für einen Grund, sich ausgerechnet im kostbaren Moment der Geburt von Mutter und Kind zu distanzieren, frage ich mich. Ich stelle mir eine Szene in Schwarz-Weiß vor, in der ein Vater zum anderen sagt: »Der Flachmann hier war bei jeder Geburt eines Kindes mein treuester Begleiter.« Dabei ist doch jetzt genau der Zeitpunkt, um sich einzuklinken! Schließlich hat man lange genug darauf gewartet! Ich fürchte aber, viele Männer kennen gar nicht das Bedürfnis, dabei zu sein. Wie sollen sie es dann einfordern können? Und oft werden sie ja gar nicht erst rangelassen.

### Die Geburtserfahrung von Vätern

Zugegeben, die Geburt ist auch für Männer unter Umständen keine besonders positive Erfahrung. Dass Väter dabei überhaupt anwesend sind, ist noch nicht lange üblich. Von meiner eigenen Geburt etwa erzählt mein Vater, dass er gar nicht dabei war, dass ich meiner Mutter schnell weggenommen wurde und in einem Brutkasten gelandet bin. Er und meine Geschwister haben mich dann zum ersten Mal gesehen, als ich, wie andere Neugeborene auch, kurz hinter einer dicken Glasscheibe hochgehalten wurde und alle Familien draußen raten mussten, welches Kind jetzt zu ihnen gehört. Seit den 1970ern hat sich die Rolle der werdenden Väter jedoch grundlegend verändert. Heute wird es von Männern – insbesondere denen, die zum ersten Mal Vater werden – erwartet, quasi als Experte den ganzen Prozess der Geburt zu begleiten. Die gewissenhafte Vorbereitung ändert unter Umständen aber nichts daran, dass das Geburtserlebnis für den Vater ziemlich einprägsam sein kann, auch im Falle einer »normalen« Geburt ohne große Komplikationen.

Die Medizinerin Valenka Dorsch hat in ihrer Dissertation die bisher kaum erforschte Geburtserfahrung werdender Väter untersucht. Eins ihrer Ergebnisse ist, dass das »nachhaltige und einschneidende Lebensereignis« Geburt von vielen Männern – sofern sie getrennt von den Müttern befragt wurden – durchaus als negatives, wenn nicht gar »schreckliches« Ereignis erlebt wurde. Als Erfahrung der Ohnmacht angesichts der Schmerzen der Frau sowie als für das erotische/sexuelle Verhältnis zur Mutter nicht unbedingt zuträglich. Dorsch macht dafür vor allem eine Erwartungshaltung verantwortlich, die die Geburt unrealistisch positiv und romantisch zeichnet. Natürlich erwartet niemand eine tatsächlich »romantische« Geburt, das ist klar. Trotzdem sind viele wirklich davon geschockt, wie drastisch die Geburtserfahrung ausfallen kann. Dass man einen Vorbereitungskurs gemacht hat, schützt einen nicht davor. Das ist ein bisschen wie ein Sicherheitstraining im Flugzeug. Einmal die Rutsche runter wappnet niemanden für den Ernstfall. Es beruhigt uns nur. Genau aus diesem Grund existiert das Klischee der problemlosen Geburt weiter – als Schutz. Nur: Wenn es nicht bestätigt wird, entsteht eine starke Frustration.

Viele Männer haben also mit diesen beiden gegensätzlichen Erwartungen zu kämpfen: einerseits derjenigen der schönen und natürlichen Geburt als ein einzigartiges Ereignis, das den Grundstein einer glücklichen und zufriedenen Elternschaft bilden soll. Andererseits haben sie Angst vor diesem Ereignis und den damit verbundenen mystischen Gefilden weiblicher Körperlichkeit. Sie erfahren schon im Vorfeld ein Gefühl der Ohnmacht und entziehen sich deswegen mit Flachmann, in der Kneipe oder am besten im Auto.

Dieses Dilemma hatte ich nicht. Aber mit welchen Erwartungen bin ich da reingegangen? Sicherlich ebenfalls mit denen an eine schöne Geburt, aber auch ganz pragmatisch an etwas, was die Menschen sich nun mal nicht ausgesucht haben und an dem kein Weg vorbeiführt. Ich habe versucht, mir die Ausnahmesituation der starken Wehen und dann natürlich der Presswehen bei Stefanie auszumalen und das Risiko, deswegen umzufallen oder auf Dauer sexuell irritiert zu bleiben, als gering eingeschätzt.

Ich hatte ganz einfach das Gefühl, etwas zu verpassen, vom Leben meines Kindes und von unserer Familie, wenn ich nicht dabei bin. Stefanie brauchte mich. Denn für sie war eh klar: Meine Rolle bei der Geburt ist die eines Coachs oder Partners und nicht nur die eines Zeugen. Auch wenn man bei der Geburt wahrlich nicht von 50/50 sprechen kann, war sie ein wichtiger Teil unseres gemeinsamen Projekts. Schon im Krankenhaus nahm ich mir vor, dass dies einer der seltenen Momente bleiben soll, in denen ich den passiven Part habe.

Als wir in der Klinik nach der Geburt allein waren, habe ich mein T-Shirt ausgezogen und Johann an mich genommen. Ich habe ihn gehalten, bin mit ihm herumgelaufen und habe mich dann zu Stefanie gelegt. Das kostete mich alles auch einiges an Mut. Er schlief auf meiner Brust, und ich wusste, das werden die kostbarsten Momente überhaupt sein, weil sie so friedlich und auch so neu sind. Ich war wahnsinnig erleichtert, dass der Kleine mich nicht abgestoßen hat und nur bei der Mutter sein wollte. Fest hatte ich mir vorgenommen, zum Baby so schnell wie möglich durch Hautkontakt eine Bindung herzustellen, damit es sich an meinen Geruch gewöhnt. Ich habe davon in einem Buch gelesen, dass man das so machen kann. In den letzten Wochen vor der Geburt – als klar war, der kommt da bald raus! – hab ich dann den Entschluss gefasst, es auszuprobieren. Den Ratschlägen zu folgen. Jetzt lag ich da mit meinem wenige Minuten alten Kind am Körper, und alles machte extrem Sinn. Es fühlt sich gut an, mich von Anfang an aktiv zu beteiligen und ein gesundes, enges Verhältnis zu meinem Kind aufzubauen.

Der Journalist Ralf Bönt hat ein Buch darüber geschrieben *(Der entehrte Mann)*, dass beziehungsweise wie Männer sich ihre aktive Rolle in der Familie und als Vater zurückerobern sollen. Aus dem interessanten, manchmal aber recht beleidigt klingenden Buch ist mir besonders folgender Satz in Erinnerung geblieben: »Der anwesende, zur Zärtlichkeit fähige Vater bricht das Monopol der Mutter und sprengt damit die fixe Rollenverteilung an ihrem Fundament.« So ein Vater wollte ich auf jeden Fall sein. Einer, der sich auf eine 50/50-Idee auch deshalb einlässt, weil er weiß, was für ihn dabei herausspringt.

Ich mache das auch nicht, weil ich als Mann Stefanie gegenüber ein schlechtes Gewissen habe. Sondern weil Gleichberechtigung für mich bedeutet, zu Hause und in der Interaktion mit dem
Kind keine Domäne der Mutter entstehen zu lassen, die ich dann
als Vater unbeteiligt beobachte und in der mich keiner fragt, was
eigentlich *meine* Bedürfnisse sind. Glücklicherweise gesteht mir
Stefanie das alles sowieso zu, und ich muss gar nichts sprengen.
Ohnehin sollte möglichst wenig gesprengt werden, mit einem ehr-
lichen Gespräch ist schon viel gewonnen.

### »Du nervst« und »I love you«

Unser Zuhause ist ab dem Moment, in dem wir zu dritt die Wohnung betreten, nicht mehr dasselbe wie vorher. Die Wickelkommode ist zum Leben erwacht, und auch das kleine Bettchen, das
ich mit Schraubklemmen an unserem Bett befestigt habe, kann
nun seine Funktion erfüllen. Ich bin ganz aufgeregt und geschäftig. Stefanie möchte Tee, die Hühnersuppe muss gekocht werden,
und die erste Wäsche steht auch schon an. Ich freue mich auf die
erste Nacht mit unserem Baby im eigenen Bett. Mal sehen, wie
viel wir schlafen werden.

Im gleichen Ton, wie sie neun Monate vorher die Nachricht von
der Schwangerschaft verkündet hatte, sagt Stefanie jetzt: »Du, ich
glaub, der hat 'ne volle Windel.« Auf diesen Startschuss habe ich
natürlich gewartet. Nachdem sie nämlich bravourös aus eigener
Kraft in den vierten Stock gelaufen ist, geht sie jetzt »nirgends
mehr hin«, und wickeln ist für die nächsten Tage mein Job.
Unsere Hebamme hat mir genau gezeigt, wie es geht. Ich mache
die Wärmelampe an, nehme Stefanie das Baby ab und ziehe es
auf der Wickelkommode aus. Johann schreit bitterlich, er zittert
und ist zum ersten Mal seit der Geburt ganz nackt. Ich erschrecke

mich ein bisschen wegen des dunklen Stuhls – aber dann fällt mir ein, dass die ersten Stuhlgänge nun mal so aussehen. Ich beeile mich, damit Johann es wieder warm und kuschelig hat. Auch das Bild des furchtbar zitternden und krächzenden Babys schreckt mich nicht ab (hätte ja sein können), und ich bin noch entschlossener, für meinen Sohn in jeder Hinsicht da sein zu wollen. Nach dem Wickeln lege ich mich hin und ihn oben drauf: Ich bin die wärmende Matratze, auf der er schnarcht und alle viere von sich streckt.

Mein Beschützerinstinkt ist total aktiviert. Als es Stefanie wenige wenige Tage nach der Geburt wegen des Milcheinschusses gar nicht gut geht, klingelt es. Weil unsere Gegensprechanlage kaputt ist, mache ich auf. Freunde von mir kommen zwar mit Geschenken und einer Flasche Sekt, aber leider total unangekündigt die Treppe hoch. Sie latschen direkt in die Wohnung rein: »Hey! Na zeig mal her, wo ist denn der kleine Tobi …« Blöderweise haben sie sich einen superungünstigen Zeitpunkt ausgesucht, um hier einfach so reinzuschneien. Ich komplimentiere sie zur Wohnung raus mit dem Verweis, dass es jetzt nicht so gut passt und sie bitte das nächste Mal vorher anrufen sollen. Den Sekt behalte ich vorsichtshalber da.

Wer sein Kommen natürlich ankündigt, ist die Familie. Zuerst kommen die Mütter – auch eine ganz schöne Invasion. Es beginnt die Zeit der Erzählungen von der Geburt. Komisch: In denen komme ich nicht oder nur am Rande vor. Wieso? Ich höre mir das ein paar Mal an und frage mich, ob ich eigentlich wirklich dabei war oder das Ganze nur geträumt habe. Öfter mal verlasse ich den Raum, wenn Stefanie am Telefon die Zeit im Krankenhaus Revue passieren lässt. Offensichtlich muss ich ihr das zugestehen. Es ist gar nicht so einfach, anderen das Partnerschaftliche an der Geburt mitzuteilen. Klar war ich für Stefanie da und habe geholfen. Aber für sie war es natürlich ganz anders, wie im Tunnel halt. Während ich alles beobachtet und interpretiert habe, war es für sie eine absolut körperliche Erfahrung. Wenn ihre Story von der Geburt nun etwas von meiner abweicht, sollte ich das abkönnen. Es stört mich auch nicht wirklich, denn ich habe ja jetzt einen Pakt mit dem Nachwuchs, und wir werden es schon allen zeigen! Ich fühle mich in meiner Mission bestärkt, mir das Terrain der Fürsorge für das Kind zu erkämpfen. Dabei heißt der Gegner gar nicht Stefanie – die fordert ja genau das von mir –, sondern all die Erwartungen, Gewohnheiten und Selbstverständlichkeiten, die man mit sich herumschleppt und die auch von außen an einen herangetragen werden.

Zu Hause bin ich jetzt Koch, Oberkellner und Babyträger. Am häufigsten im Fliegergriff, also das Neugeborene bäuchlings auf meinem Unterarm, mit dem Kopf in der Armbeuge. Das hilft gegen Bauchweh – und genau das ist gerade am Anfang leider ein großes Thema. Es erstaunt mich, wie wenig mir das Gequäke des Babys auf die Nerven geht, damit hatte ich ja eigentlich gerechnet. (Was Babygeschrei wirklich bedeutet, erfahren wir erst ein paar Monate später, beim ersten Versuch einer gemeinsamen Autofahrt.) Ich habe aber das Gefühl, die Mutter beobachtet mit Argusaugen, wie ich mit dem Kind umgehe: Kann der das wirklich? Stützt er auch immer schön den Kopf? Passt er auch gut auf, dass beim Wickeln der Nabelrest nicht beschädigt wird? Möchte Stefanie erst einmal gezeigt bekommen, wie ich mich in diesen Dingen bewähre, bevor sie mir da blind vertraut?

Mir sind ja schon die tollsten Geschichten von Müttern, die die Papas maßregeln, zu Ohren gekommen, à la: »Oh Gott, du machst das total falsch! Was machst du denn mit dem Kind!?« Ein Freund hat es so erlebt und war vollkommen irritiert. Er wusste sich nicht anders zu helfen, als sich für ein paar Tage zurückzuziehen. Und als er das Thema dann angesprochen hat, musste er sich auch erst mal behaupten. Seine Frau war noch eine Zeit lang skeptisch, lacht aber mittlerweile darüber. Sie sei durch die ganzen Hormone wohl etwas übermotiviert gewesen, sagt sie.

Wenn sich solche unerfreulichen Situationen zeitnah klären lassen, ist das prima. Für viele Männer, besonders in der Generation meines Vaters, ist das jedoch ein Schlüsselmoment in ihrem Leben gewesen: Sie haben sich vorsichtig an das Kind rangewagt, wurden aber sofort von ihrer Frau zurückgepfiffen, meistens ohne etwas falsch gemacht zu haben. Es braucht nicht viel, um auf diese Weise Claims abzustecken und Rollen zu verteilen. Die Verantwortung dafür würde ich gar nicht bei den Männern suchen wollen. Es gibt auch heute bestimmt genügend Mütter, denen es nur recht ist, den Mann aus der engen Bindung nach der Geburt herauszuhalten.

In den seltensten Fällen hält sich das mit den Zuständigkeiten die Waage. Gelingt es nämlich, dass sich der Papa nicht nur einbringt, sondern auch einen großen Teil der Betreuung übernimmt, dann läuft vielleicht die Mutter Gefahr, sich die Kommandos abzuholen. Mir kommt es so vor, als könne es in diesen Dingen nur einen Experten geben. Entweder die Mama oder den Papa. Warum können es nicht beide sein?

Auch bei uns ist so eine Schräglage entstanden, als Stefanie sich nach zehn Tagen im Wochenbett wieder normal durch die Wohnung bewegen konnte. Da hatte ich den Bereich längst komplett besetzt. Ich bin der Experte fürs Wickeln, ich hab die Klamotten geordnet und weiß, wie man das Baby am besten trägt, wenn es Bauchweh hat. Als ich einmal sehe, wie Stefanie die Windel etwas zu eng verschließt und der Kleine quäkt, eile ich hinzu und will den Fall übernehmen wie das FBI einen Tatort von der Polizei.

Wir schaffen es glücklicherweise, solche Situationen stets aufzulösen, ohne dass einer von uns beleidigt ist. »Du nervst« ist ein Satz, den man in dieser Zeit bei uns ebenso oft zu hören bekommt wie »I love you«.

# Habe ich einen Mutterinstinkt?

## Stefanie

Nun ist Johann da. Vor der Geburt hatte ich mir ausgemalt, wie ich mich fühlen würde: verliebt, glücklich. Es ist irgendwie ganz anders und doch so, wie ich dachte. Die Gefühle für ihn sind überwältigend, viel stärker, als ich es mir jemals hätte vorstellen können. Alle meine Sinne sind nur auf ihn gerichtet. Der unbeschreiblich süße Neugeborenengeruch. Die zarte papiergleiche Haut, unter der sein Herz tuckert. Seine Füße, das kleine Näschen und der winzige Mund, aus dem er unregelmäßig atmet. Was, wenn er plötzlich aufhört zu atmen? Die Angst, dass ihm irgendetwas zustoßen könnte, ist riesig. Mein erster Besuch mit ihm draußen auf der Straße – vier Tage nach der Geburt – lässt mich die Welt mit seinen Augen sehen, die alles zum ersten Mal erblicken. Und diese Welt kommt mir sehr laut, sehr dreckig und sehr unfreundlich vor. Die Metapher vom Großstadtdschungel macht plötzlich unglaublich viel Sinn: Nur dass vor unserer Haustür keine Tiger und Schlangen lauern, sondern Autos und betrunkene Touristen. Bei jedem Martinshorn zuckt der Kleine zusammen und ich gleich mit.

Ist das jetzt Mutterliebe? Um jemanden wirklich zu lieben, muss ich ihn doch kennen! Das Baby vor mir kenne ich aber erst seit 96 Stunden. Viele Menschen glauben ja, dass ich durch die Schwangerschaft mein Kind »kennen« müsste, aber das tue ich nicht. Ich habe zwar ein paar Tritte von innen bekommen, was schon irre war. Aber ich konnte es in meinem Bauch nicht sehen, nicht riechen und seine Haut nicht spüren. Ich wusste auch nicht, wie sich sein Weinen anhören würde, was es für einen Charakter hat, ob es einen Schnuller nimmt oder lieber am Daumen lutscht oder nichts von beidem. Das Baby ist für mich also genauso neu wie alle anderen Menschen auch, denen ich zum ersten Mal begegne. Nichtdestotrotz ist die ganze Erfahrung unglaublich intensiv. Ist das der Instinkt? Fühlen sich alle Frauen so? Fühlt Tobias das Gleiche? Nach der Geburt hat er vor Rührung geweint. Ich hingegen war erst mal froh, dass es vorbei war und ich nicht aufstehen musste, um Johann zu wickeln.

Auf diese Gefühle muss ich mir erst mal einen Reim machen, auf sie war ich unglaublich neugierig. Denn mit dem Mutterinstinkt ist es ja so eine Sache. Der Begriff kommt mir kompromisslos vor, so eingeschränkt. Angeblich bedeutet er, dass Mütter – und nur Mütter – automatisch wissen, was ihr Kind braucht. Ist das wirklich so? Zunächst einmal finde ich die Vorstellung, dass das kleine Würmchen in mir drin gewachsen sein soll, nach wie vor ziemlich verrückt. Selbst direkt nach der Geburt konnte ich schon gar nicht mehr glauben, dass das Kind in mir gewesen ist. So ähnlich wie ich immer noch nicht wirklich begreife, wie der Computer aus 0 und 1 Bilder und Musik generiert. Auch wenn ich technisch so ganz grob darüber im Bilde bin, wie es geht.

Und ich muss zugeben, dass ich wenig über Babys weiß und auch ein bisschen unsicher bin. Einiges habe ich noch in Erinnerung aus einer Zeit, als meine Geschwister noch klein waren. Man muss den Kopf des Babys festhalten, damit er nicht abknickt. Aber der Rest? Auch im Geburtsvorbereitungskurs wird man nicht wirklich auf die Zeit »danach« vorbereitet, sondern eben vor allem auf die Geburt. Die ist ja schon an sich ein unglaublich aufregendes und unbekanntes Feld. Ich weiß noch nicht mal, wie das

mit dem Stillen gehen soll. Dabei ist das doch angeblich die natür-
lichste Sache der Welt. Zum Glück zahlt die Krankenversicherung
eine Hebamme, die jeden Tag vorbeikommt und uns alles erklärt:
Stillen, Wickeln, Wiegen und wie man mit dem Nabelrest umgeht. Mit Instinkt hat das nichts zu tun, eher mit Lernen. Tobias
ist immer dabei, wenn die Hebamme da ist. So konzentriert und
wissbegierig habe ich ihn selten erlebt. In den ersten Tagen stürzt
er sich mit Feuereifer auf den Kleinen. Er wickelt, macht und tut,
während ich die meiste Zeit im Bett liege, lese oder Filme schaue.
Mir tut noch alles weh, und ich bin noch nicht ganz erholt.

Drei Wochen nach der Geburt, Tobias ist gerade unterwegs
beim Einkaufen, halte ich den schlafenden Johann im Arm, und
mir wird zum ersten Mal richtig bewusst, dass ich ihn um nichts in
der Welt aus meiner Umarmung entlassen will. Ich denke darüber
nach, mit welchen Gefühlen ich Tobias seit der Geburt beobachte
und wie sich hier und dort auch Argwohn bei mir meldet. Ges-
tern zum Beispiel habe ich ihm zugesehen, wie er nach dem Wickeln vergessen hat, den etwas wunden Po einzucremen. Ich war
spontan empört, sagte aber nichts und hoffte, dass Johanns Po sich
nicht entzünden wird. Wirklich grotesk, welche kleinen Handlun-
gen mit dem Baby mich jetzt aufhorchen lassen.

Gehen wir zum Beispiel zu dritt spazieren, dann werde ich sogar
etwas eifersüchtig, wenn Tobi Johann im Tragetuch hat. Ich möchte
immer ganz nah an meinem Kind sein und seinen wundervollen
Geruch in der Nase haben. Wenn der Kleine weint, habe ich ehrlich
gesagt schon den Eindruck, dass er sich bei mir schneller beruhigt.
Ich habe sehr viel darüber gelesen, wie man Babys beruhigt, viel
mehr als Tobias, da bin ich mir sicher. Auch bin ich natürlich die
Ernährungsexpertin, das kommt durch das Stillen ja von alleine.

Wie verträgt sich das jetzt mit unserem Vorhaben, uns das Baby
zu teilen? Tobias hat sich mehrere Wochen von der Arbeit frei-

genommen, um von Anfang an dabei zu sein und gemeinsam mit mir zu lernen, wie man mit dem Kind umgeht. Und nun habe ich manchmal das Verlangen, alles lieber allein zu machen, denn ich kann es vielleicht doch besser. Hilfe! Tief drin in mir scheint eine Art Über-Mutti am Werk zu sein. Dabei wollte ich doch auf keinen Fall zur Glucke werden, die sich nur noch um das Kind kümmert und berufliche Ambitionen, Freunde und Hobbys über Bord wirft.

Aus der banalen Frage, wie man das Baby für einen gemeinsamen Spaziergang anzieht, entbrennt einige Wochen nach der Geburt ein handfester Streit. Ich weise Tobias ungefragt darauf hin, dass er Johann für einen sonnigen Herbsttag einpackt, als wäre es draußen tiefster Winter: »Der wird total schwitzen, im Kinderwagen ist doch noch der Daunensack«, sage ich und schaue mitleidig auf das dick eingemummelte Baby, das vor lauter Kleidungsschichten und Ganzkörperwollanzügen nicht mehr mit den Ärmchen rudern kann.

»Jetzt lass mich doch mal in Ruhe«, entgegnet Tobias ziemlich genervt. »Wenn du immer alles besser weißt, dann mach es doch einfach selbst.« Der kurze Streit endet damit, dass ich das Baby umziehe und allein mit ihm spazieren gehe, während Tobias sich grummelnd mit der Zeitung auf die Couch zurückzieht. Während des Spaziergangs komme ich ins Grübeln: Ich sehe mich total im Recht, merke aber auch, dass ich mich im Zaum halten muss, wenn unser Modell nicht schon in der achten Woche scheitern soll.

### Wird jede Mutter zur Glucke?

Ich nehme unser Kompetenzgerangel und mein Gluckenproblem genauer unter die Lupe. In das Suchmaschinenfeld im Browser meines Laptops tippe ich: »Wird jede Mutter zur Glucke?« In einem Internetforum für Eltern lese ich über lauter Mütter von Ein-jährigen, die sich selbst als Glucken bezeichnen und sich gegensei-tig darin beipflichten, dass ihre Kinder deswegen alle so toll ent-wickelt und unkompliziert sind, weil sie sich die ganze Zeit um sie kümmern. Dass sie das Kind gar nicht loslassen oder in die Kita (sie nennen das Fremdbetreuung) geben wollen. Und dass das doch ganz normale Mutterliebe sei.

Frauen, die ihre Kinder auch mal abgeben, würden wider die Natur handeln, so lautet die hier vorherrschende Meinung. Un-ter einem anderen Kommentarstrang schätzen Frauen das Ganze problematischer ein. Sie sehen sich eher gefangen in der Rolle als Gluckenmutter. Eine Frau berichtet davon, dass sie sich nach der Geburt ihres dritten Kindes plötzlich viel mehr Sorgen um alle ihre Kinder macht und selbst den Elfjährigen kaum aus den Au-gen lassen will. Es seien die Hormone, die sie so mutieren lassen würden, sagt man ihr. Ich schlucke und überlege. Ist das, was wir vorhaben, vielleicht wirklich unnatürlich? Wollen Mütter nun mal automatisch rund um die Uhr bei ihren Babys sein? Für immer oder für möglichst lange Zeit? Wir planen doch, Johann mit ei-nem Jahr zu einer Tagesmutter zu geben, damit wir beide wieder beruflich durchstarten können.

Es gibt im Englischen einen Fachbegriff für Mütter, die den Va-ter davon abhalten, sich an der Kinderpflege zu beteiligen: *maternal gatekeeping*. Dieser Begriff drückt aus, dass Mütter als eine Art Türsteherin den Zugang zum Kind kontrollieren: »Heute darfst du ein bisschen ran, Papa, aber nur, wenn du die richtige Wickel-technik benutzt.« Eine deutsche Langzeitstudie kam zu dem Er-gebnis, dass etwa 20 Prozent der Frauen durch ihr Verhalten den Einsatz des Vaters im Familienleben behindern. Indem sie auto-matisch alles, was mit dem Kind zu tun hat, als ihre Aufgabe be-greifen und den Vater bei dem, was er anstellt, kritisieren. »Lass mich mal machen, ich weiß schon, wie das geht.« So haben auch sie ihren Anteil an der klassischen Rollenverteilung in der Beziehung. In manchen Partnerschaften mag das ja auch durchaus gewollt sein. In unserer nicht.

Der amerikanische Forscher Ross Parker sagt: »Väter sind am Anfang exakt so weit involviert, wie die Frau es zulässt.« Die Kinder profitieren zweifellos von einer engen frühkindlichen Beziehung zum Vater. Aber diese kann nur gelingen, wenn die Eltern sich gut absprechen und die Mutter ihre *maternal gatekeeping*-Funktion aufgibt. Auf www.eltern.de gibt es eine recht aussagekräftige Umfrage zum Thema. Die Frage »Trauen manche Mütter den Vätern zu wenig zu?« beantworten 95 Prozent von über 1000 Teilnehmenden mit »Ja«. Darin besteht meines Erachtens das Problem der Gluckenmamas aus dem Elternforum: Sie kümmern sich hauptverantwortlich um das Kind, ohne Mann. Der ist bei der Arbeit. Diese Frauen hingegen sind seit der Geburt mehr oder weniger allein zu Hause, und sie möchten das so. Deswegen ist auch ihre Verantwortung dem Kind gegenüber besonders groß, weil sie die einzige Bezugsperson sind und sein wollen. Ob die Väter das Verhalten ihrer Frauen richtig oder falsch finden, steht hier nicht zur Debatte.

Vielleicht ist die Crux ja gar nicht der Mutterinstinkt der Frauen, sondern der unterentwickelte Vaterinstinkt ihrer Männer. Und vielleicht kann ich Tobias in unserem Arrangement seinen Vaterinstinkt zugestehen. Wir können einfach ein bisschen gemeinsam glucken. Dann kann das Über-Mutti-Ich vielleicht verschwinden. Aber warum habe auch ich solche Impulse? Rational haben wir uns ja ganz klar für 50/50 entschieden. Und rational bin ich weiterhin der Meinung, dass es der richtige Weg für uns ist. Wir wollen keine klassische Rollenaufteilung.

## Alles Evolution?

Ich frage mich, ob das Gluckensein von Frauen angeboren oder ob es eine kulturell erlernte Sache ist. Die amerikanische Anthropologin und Primatenforscherin Sarah Blaffer Hrdy sieht es als bewiesen an, dass das Wissen um die Aufzucht des Nachwuchses erlernt ist.

Sie vertritt die These, dass Affen – und Menschen – bereits dadurch, dass sie selbst als Babys und Kinder Zuwendung erfahren haben, wissen, wie man Zuwendung verteilt. Jede Mutter – und jeder Vater –, die als Kind versorgt und behütet wurde, weiß »instinktiv«, wie sie sich um ihre Nachkommen kümmern muss: eben weil sich um sie selbst auch mal jemand gekümmert hat. Mit zahlreichen Beispielen belegt Hrdy, wie die Pflege und Versorgung des Nachwuchses bei einigen Tierarten nicht allein Mutter-, sondern Familiensache ist, dass mal die Mutter, mal der Vater und mal ganz andere Mitglieder zum Zug kommen.

Ganz anders die Hormonbiologen! Sie sind überzeugt, der Mutterinstinkt werde durch den bei der Geburt und durch das Stillen gesteigerten Oxytocinpegel verursacht. Oxytocin ist das sogenannte Bindungshormon. Es beeinflusst das Verhalten zwischen Menschen im Allgemeinen und besonders das zwischen Mutter und Kind. Ein zu niedriger Oxytocinspiegel in den letzten vier Wochen der Schwangerschaft soll zum Beispiel für die Wochenbettdepressionen, bei denen die Mutter keine tiefen Gefühle für ihr Kind aufbringen kann, verantwortlich sein. Hm. Meine Hormone kann ich nur schwer beeinflussen. Also muss ich mit dem Über-Mutti-Ich leben. Und Tobias hat das nun mal nicht, er war nicht schwanger, hat das Kind nicht geboren und kann auch nicht stillen. Oder?

Zumindest das mit den Hormonen stimmt schon mal nicht.

Wie Hrdy und andere Naturwissenschaftler anmerken, gibt es auch immer wieder blinde Flecken. Dinge, die die Forschung bereits als gegeben betrachtet und deswegen nicht untersucht hat. Das betrifft viele Bereiche, die von unseren Annahmen von dem, was Frauen und Männer ausmacht, abweichen.

Ein solcher blinder Fleck ist das Sorgeverhalten von Vätern, das erst seit wenigen Jahren Gegenstand der Forschung ist. 2010 hat eine Studie herausgefunden, dass der Oxytocinpegel nicht nur bei Müttern steigt, sondern auch bei anderen Personen, die sich um ein Baby kümmern. Egal welchen Geschlechts. Zwar nicht unbedingt im gleichen Ausmaß, aber auch nicht nur wenig. Ha! Der Beschützerinstinkt entwickelt sich also bei den Beschützern offenbar auch mithilfe des Hormonhaushalts – und ebender scheint sich beeinflussen zu lassen.

Die Evolution hat anscheinend dafür gesorgt, dass Mütter sich um ihre Kinder sorgen und kümmern. Aus entwicklungsgeschichtlicher Perspektive macht es andererseits natürlich auch vollkommen Sinn, dass ein Baby nicht ausschließlich von der biologischen Mutter abhängig ist. Angesichts der hohen Müttersterblichkeit bis weit ins 19. Jahrhundert hinein wäre die Menschheit wohl kaum so erfolgreich in der Besiedlung der Erde gewesen, wenn sich niemand der mütterlosen Babys angenommen hätte und diese die Umstände gut verkraftet hätten. Oder wie Hrdy sagt: Der Mensch ist eben das anpassungsfähigste und flexibelste Säugetier.

Auch sogenannte »Naturvölker«, das sind indigene Menschengruppen, von denen angenommen wird, dass sie heute noch so leben wie vor vielen Jahrhunderten, kennen Adoption und Kinderbetreuung durch Familienangehörige und Freunde.

Trotzdem waren Bindungsforscher jahrelang der Ansicht, dass für Babys die Mutter als primäre Bezugsperson unabkömmlich sei. Erst nach und nach könne das Kind Beziehungen zu anderen Menschen aufbauen. Wäre die Mutter abwesend – so die Annahme –, würde das Kind im schlimmsten Fall mentale Schäden erleiden. Erst die neuere Bindungsforschung hat empirisch belegt, dass Babys von Geburt an durchaus Beziehungen zu mehreren Personen gleichzeitig aufbauen können.

Die Thesen der klassischen Bindungsforschung gehen auf den britischen Kinderpsychiater John Bowlby zurück. Er untersuchte für seine Arbeit »Maternal Care and Mental Health« die psychische Entwicklung von Kindern, die im Zweiten Weltkrieg zu Kriegswaisen geworden waren. Er berichtete über die Traumatisierungen von Kindern, die zu früh von ihrer Mutter getrennt wurden. Diese sah er im Zusammenhang zu Verhaltensauffälligkeiten und psychischen Störungen im Jugendlichen- und Erwachsenenalter.

Bowlby leistete einen wichtigen Beitrag zur kindgerechten Betreuung von Babys und Kleinkindern in Heimen und Kliniken. Wir verdanken ihm zum Beispiel das »Rooming-In« in Krankenhäusern, bei dem das Neugeborene nach der Geburt gemeinsam mit der Mutter im Zimmer untergebracht wird. Noch weit bis in die 1970er wurden Neugeborene nach der Geburt ja direkt auf eine Säuglingsstation verfrachtet. Eltern und Geschwister durften zur Besuchszeit durch eine Glasscheibe schauen und dem Neugeborenen in den Armen der Säuglingsschwester zuwinken. Das kommt uns heute – vollkommen zu Recht – inhuman vor.

Bowlbys Theorien müssen aber auch dafür herhalten, dass viele Mütter heute noch glauben, die Kinder würden psychische Schäden davontragen, wenn sie sich auch nur für kurze Zeit von ihnen trennten. Und das ist einfach Quatsch. Bowlby hat seine Theorien anhand von Extremsituationen entwickelt und Kinder in Waisenhäusern untersucht. Seine Beobachtung ist diese: Die Bindungsfähigkeit eines Kindes wird gestört, wenn es plötzlich von seiner

Mutter getrennt wird, ohne dass sich eine andere Bezugsperson darum kümmert. Oder wenn es stundenlang weinen muss und nicht getröstet wird. Aber das bedeutet eben nicht, dass es keine andere Bezugsperson außer der Mutter geben kann. Wichtig ist die emotionale Qualität der Bindung zu dieser Bezugsperson, nicht die Frage der biologischen Mutterschaft.

Viele Psychologen gehen heute davon aus, dass Säuglinge, die von Beginn an zu mehreren Personen eine sehr enge Beziehung haben, sogar im Vorteil sind gegenüber Kindern, die nur mit einer Person in Kontakt stehen: Weil sie sich emotional sicherer fühlen, wenn sie mehrere Ansprechpartner haben. Weil sie verschiedene Versorgungs- und Erziehungsstile erfahren und dadurch schneller lernen.

Meine Freundin Susanne berichtet über ihre eigenen Erfahrungen mit dem *maternal gatekeeping* und dem Stillen: »Ich gebe ja zu, als die Kinder frisch geboren waren, da dachte ich wirklich, ich sei für sie wichtiger als der Vater. Weil ich nicht gearbeitet habe, habe ich die Kinder quasi als Job gesehen. Und irgendwann war ich dann so drin, dass ich tatsächlich die einzige Expertin war.«

Ich kann das gut nachvollziehen. Was ich nicht verstehe, ist, warum nicht viel mehr Männer auf die Idee kommen, ihren Anteil am Baby einzufordern, wenn sie doch so gerne mitmachen möchten. Warum lassen sich Männer gerade in Familiendingen das Ruder so leicht aus der Hand nehmen? Ein »Ja ja, meine Freundin hat mich nicht rangelassen, da blieb mir gar nichts anderes übrig, als mich ganz auf den Job zu konzentrieren« hört sich nicht zufällig auch nach einer Ausrede für überforderte Jungväter an, die sich ganz gerne mal ins Büro verabschieden, wenn es ihnen zu Hause zu bunt wird.

So sieht es auch Bloggerin Patricia, bekennende Ex-*Maternal-Gatekeeperin*, die nun nach ihrem Wiedereinstieg in den Beruf den Vater gerne mehr in die Erziehungsarbeit involviert hätte. Auf ihrem Blog dasnuf.de schreibt sie: »Immer sind die Frauen schuld. Immer. Selbst wenn es um mangelnde Beteiligung der Männer geht. Da sind es nicht die Männer oder Väter, nein! Da sind es die *gatekeeping mothers*. Wenn die nämlich nicht so gierig nach vollgekackten Windeln, stundenlangem Warten beim Notarzt und nach Küche putzen wären, ja dann, dann würden die Papas sich auch beteiligen.« Es scheint wirklich eine unheilvolle Kombi zu sein, wenn Frauen und Männer, die sich Kindererziehung und Haushalt mal partnerschaftlich teilen wollten, von dieser Vorstellung abkommen. Eine Mischung aus internalisierten Rollenbildern und der Angst, daraus auszubrechen.

### Rollenmuster sitzen tief

Es gibt leider nur wenige Vorbilder für unser 50/50-Prinzip. Sowohl Tobias als auch ich haben Mütter, die gearbeitet haben: Sie waren trotzdem beide in erster Linie für Kinder und Haushalt zuständig. Die Rollenmuster, nach denen wir handeln, sitzen tief, auch im Unterbewusstsein. Selbst bei mir, die das gar nicht will. Nun weiß ich: Meine Gefühle sind vollkommen in Ordnung, kulturell und biologisch erklärbar. Aber wenn ich das 50/50-Prinzip leben will, dann muss ich mir das Misstrauen Tobias gegenüber abgewöhnen und ihn seinen eigenen Beschützerinstinkt entwickeln lassen. Er braucht sein eigenes Territorium für das Kind. Dinge, die er entscheidet. Zum Beispiel auch, wie viele Kleidungsschichten er bei 12 Grad für angemessen hält.

Wenn Johann zu stark schwitzt, wird er es merken, den Daunensack öffnen und nächstes Mal eine Schicht weglassen. Und ich muss lernen loszulassen. Loslassen von dieser verinnerlichten Vorstellung davon, wie Mütter und Väter zu sein haben. Loslassen von der Idee, alles, was mit dem Kind zu tun hat, zu kontrollieren. Das will ich und das kann ich. Ich werde in Zukunft den Anspruch aufgeben, die wichtigste Bezugsperson für mein Kind zu sein. Es gibt halt nun mal zwei wichtigste Bezugspersonen in Johanns Leben. Das kann doch für ihn nur gut sein. Und das heißt ja nicht, dass ich unwichtig bin.

Gerade steht Tobias am Wickeltisch und verpasst dem Kleinen eine neue Windel. Behutsam hält er die kleinen Speckbeinchen hoch, genau so, wie die Hebamme es ihm gezeigt hat. Sanft und sehr sorgfältig wischt er die senfgelbe Stillkacke ab, legt die frische Windel drunter und küsst den Kleinen auf den Bauch. Er hebt ihn in die Höhe, stützt dabei das Köpfchen ab. Der Kleine gluckst vor Freude. Mir wird warm ums Herz. Ich beschließe, dass ich die nervigen Über-Mutti-Gefühle wirklich in eine tiefe Ecke verbannen werde. Denn dass Tobias echtes Gluckenpotenzial hat, ist mir jetzt klar.

# Busen-Mensch und Schaukel-Mensch.

## Tobias

Ich bin bei der Nationalmannschaft. In wenigen Sekunden beginnt das Spiel. Ich schaue an mir herab und kann es kaum glauben: weiße Stutzen, schwarze Hose, weißes Trikot. Irgendwem müsste es in der Zwischenzeit aufgefallen sein, dass ich hier nicht hingehöre, es sind ja überall Kameras. Mein Puls ist hoch, Per Mertesacker läuft auf mich zu, wir klatschen ab und er schreit mich an: »Die ersten zehn Minuten voll draufgehen! Hoch stehen!« Marco Reus haut mir auf den Hintern und grinst. Der Schiri zeigt an, dass es gleich losgeht. Anpfiff! Ich laufe einfach nach vorne, höre nur meinen eigenen Atem und irgendwo ganz hinten die Kulisse des vollen Stadions. Aus den Rufen der Zuschauer schält sich ein seltsames Geschrei heraus. Komisch, dass man das so deutlich hören kann. Jemand berührt mich an der Schulter. Ich bekomme den Ball, kann mich auf links bis zur Grundlinie durchsetzen und passe zurück nach innen. Jemand schüttelt mich. Die Geräusche aus dem Stadion klingen ab. Was ist denn aus der Torchance geworden?

Da schreit auf einmal jemand dicht neben meinem Ohr. Ist das Johann? Ich wache langsam aus meinem Traum auf. Stefanie brummt müde neben mir: »Es ist halb drei. Ich hab ihn gerade gestillt, und er ist auch fast wieder eingeschlafen, aber ich glaube, er hat wieder tierisch Bauchweh. Du musst ran.« Ich quäle mich aus dem Bett. Stefanie dreht sich um und pennt schon wieder.

Schnell was übergezogen und Johann in den Fliegergriff. Schlaf ist mit Säugling eine knappe Ressource, das ist nun wirklich kein Geheimnis. Die Erfahrung des Schlafentzugs ist trotzdem heftig. *You don't know what you've got 'til it's gone.* Auch kann vom geteilten Leid hier kaum die Rede sein, es ist eher gedoppelt. Es gibt zurzeit mehr als eine Gelegenheit, die Schlafbilanz des anderen als ausgeglichen und die eigene als extrem defizitär wahrzunehmen.

Johann ist jetzt zwei Monate alt und die Magie der ersten Wochen einer gewissen Routine gewichen. Es zeichnet sich ab, dass er zwar keine Koliken hat (die es im Übrigen als Krankheitsbefund gar nicht gibt) und auch kein »Schreikind« ist, aber wie viele Jungs hat er nach dem Stillen ziemlich starkes Bauchzwicken und will/ muss getragen werden. Er schläft deswegen auch nicht von allein auf dem Rücken ein, sondern nur – wirklich *nur* –, wenn er bäuchlings getragen und dann auf den Bauch abgelegt wird. Für mich bedeutet das wahnsinnig viel Tragerei, aber o.k., der Zwerg wiegt nur um die fünf Kilo und ist noch klein, eine große Anstrengung ist das noch nicht. Das Problem ist der Schlaf, den ich nicht bekomme, oder vielmehr die Tatsache, dass ich ständig aufwache. Vor drei Wochen ist das Semester losgegangen, ich bin wieder an mehreren Tagen im Büro und unterrichte meine Seminare. Der Kollege mit dem Flachmann lässt nicht unkommentiert, dass sich die Ringe unter meinen Augen hartnäckig halten.

Die Nacht des Nationalmannschaftstraums endet mit einer weiteren Episode Stillen und Tragen zwischen fünf und sechs Uhr. Als ich um acht aus dem Haus muss, schreit Johann schon wieder und will getragen werden. Stefanie und ich sind total im Eimer, weil keiner mehr als zweieinhalb Stunden am Stück gepennt hat und Johann, wenn er mal schläft, lauter seltsame Geräusche von sich gibt, die uns am Tiefschlaf hindern. Dass ich noch nicht genau sagen kann, wann ich am Nachmittag nach Hause kommen werde, reicht als Auslöser für einen handfesten Streit aus. Dessen Leitmotiv ist: »Du kriegst doch viel mehr Schlaf ab als ich!« Ich bin misstrauisch, weil ich weiß, dass sich Stefanie jedes Mal ins Bett legen wird, wenn das Baby schläft, während ich in der Arbeit bin. Sie ist anscheinend genervt, weil sie in den nächsten paar Stunden beides tun muss – Stillen und Tragen.

Sie ist dann Busen-Mensch *und* Schaukel-Mensch in Personalunion. Das ist nämlich unsere Rollenverteilung dieser Tage, eine wichtige Rolle für jeden von uns. Stefanie ist selbstredend der Busen-Mensch, ich der Schaukel-Mensch, ganz einfach. Sie stillt, ich trage. Geht ja auch nicht anders. Genau genommen ist das nicht 50/50, logisch, aber das ist Haarspalterei. Papa kann halt doch nicht stillen, aber eben andere gleichwertige Dinge machen. Es geht darum, eine faire Verteilung zu finden, damit beide in diesen ersten Wochen halbwegs Schlaf abbekommen.

Als ich einem Freund von dem Arrangement erzähle, sagt der: »Also, wenn das 50/50 ist, dann machen wir das auch so! Man hilft sich mal gegenseitig, um genug Schlaf zu bekommen, ist doch klar. Da stehe ich dann auch mal auf.« Stimmt sicher, aber »mal helfen« oder »auch mal aufstehen« ist nicht gleich eine konsequente Arbeitsteilung. Beim Schlaf gilt bei meinem Kumpel nämlich die Regel, »wer arbeitet, darf durchschlafen und muss nachts nicht raus«. Das ist zwar logisch, schließlich soll die Performance im Job nicht durch Schlafmangel beeinflusst werden. Aber arbeitet die Person, die zu Hause bleibt, denn nicht? Schon das Schlaf-Arrangement fordert Paaren also eine klar verhandelte Regelung ab. Um eine faire Arbeitsteilung zu erreichen, haben Stefanie und ich uns genau das vorgenommen, wohl wissend, dass dabei oft mehr Reibung entsteht, als uns gerade lieb ist, und die subjektive Wahrnehmung der Schlafverteilung trotz allem ganz schön verzerrt ist.

## 50/50 heißt permanente Abstimmung

50/50 kann alles Mögliche bedeuten, es darf nur nicht wörtlich verstanden werden. Sich ändernde Bedürfnisse des Kindes und die Konstellationen im Job werden es erfordern, dass wir uns immer wieder aufs Neue abstimmen und verhandeln müssen. Ein paar Dinge bleiben natürlich die persönliche Verantwortung von Stefanie oder mir. So kümmert sie sich um unsere Finanzen, ich mache solche Sachen wie Lampen anklemmen, defekte Geräte reparieren oder zur Reparatur wegbringen. Dinge in den Keller tragen oder von dort holen. Sie besorgt oder kauft die meisten Klamotten für Johann. Arzttermine, Kinderturnen etc. sind meine Verantwortung. Es wäre blöd, sich diese Sachen halbe, halbe aufzuteilen, weil das gerade Aufgaben sind, die nicht täglich anfallen. Einige nicht alltägliche Dinge machen wir aber trotzdem beide, weil die nämlich wirklich keinen Spaß machen. Finger- und Fußnägel schneiden etwa.

Was Stefanie und ich uns im Alltag also konsequent aufzuteilen haben, heißt Familienarbeit. Der Begriff hat sich im allgemeinen Sprachgebrauch noch nicht wirklich durchgesetzt, dabei ist die Sache recht einfach. Familienarbeit ist alles, was unbezahlt im Privaten zu tun ist: Fürsorge und Betreuung des Kindes sowie alle im Haushalt anfallenden Tätigkeiten. Die Bereiche also, die klassisch Domäne der Hausfrau waren, aber natürlich auch die handwerklichen Tätigkeiten, die Männer zu Hause mehrheitlich ausüben, Stichwort Auto, Möbel aufbauen und transportieren und dergleichen. Familienarbeit ist der (unbezahlte) Gegenpart zur (bezahlten) Erwerbsarbeit. Obwohl es sich bei ihr – das geben heute auch die meisten Männer zu – um wirkliche Arbeit handelt, wird damit kaum gesellschaftlicher Status oder Prestige verbunden oder erlangt. Wer einen Beruf oder sogar eine Karriere hat, macht etwas

Anständiges, bekommt Anerkennung und wird bezahlt. Familienarbeit ist höchstens aller Ehren oder einen symbolischen Betrag wie das Betreuungsgeld wert, von dem man sich zwei Paar Schuhe kaufen kann.

Das bisschen Haushalt, das wir uns vor der Geburt des Kindes geteilt haben, ist nun zu einem riesigen Berg angewachsen. Dabei schläft der Kleine tagsüber noch recht viel, und einiges lässt sich in diesen Zeiten erledigen. Auf einmal gibt es den Job, den Haushalt, die Zeit mit dem Kind, die wir gleich verteilen wollen, und es gibt auch noch unsere Beziehung. Unsere Leben überschneiden sich jetzt auf eine ganz andere, neue Art und Weise. Bisher hat es nie eine Rolle gespielt, wann wer wie lange weg von zu Hause ist, wann man schläft, isst, etc. Jetzt ist da dieser schreiende Zwerg, der uns seinen Rhythmus aufzwingt, obwohl er noch nicht mal selbst essen, geschweige denn laufen oder sprechen kann. Jede bisher angewandte Form von Zeitbudgetierung und -Management versagt.

In den guten Momenten klappt die Aufteilung zu Hause schon ganz ordentlich. Einiges hat sich eingespielt, es gibt gewisse Routinen. So etwas muss sich ja auch erst einmal entwickeln. Es fühlt sich gut an, wenn man sich gegenseitig berichtet, was man alles gemacht hat und demnächst erledigen wird. Nicht anders als eine toll funktionierende Zusammenarbeit im Job. Stefanie und ich beobachten, dass wir nicht mehr alles ganz genau nehmen, sondern dass Effizienz oberste Priorität hat. Während ich noch meine Doktorarbeit geschrieben habe, war ich plötzlich furchtbar penibel, habe dauernd geputzt, nur um mich abzulenken und nicht am Schreibtisch sitzen zu müssen. Von diesem Tick verabschiede ich mich gern. Im Staubsaugerrohr muss es knistern, sonst kann man es auch sein lassen. Der Windeleimer wird geleert, wenn es stinkt. Trockene Wäsche nehmen wir ab, wenn die nasse aufgehängt wird. Vor Johanns Geburt hätte jederzeit unangekündigt der Fotograf vom Einrichtungsmagazin auftauchen können. Mit Kind aber ist es einfach nicht mehr so ordentlich wie vorher. Mal sehen, wie es wird, wenn der Kleine erst überall seine Spielsachen verteilt.

In den schlechten Momenten sind wir, nun ja, nicht besonders effizient und alles andere als gelassen. Da beobachte ich Stefanie bei allem, was sie macht, und kommentiere alles. Ich finde saubere, freie Flächen in der Küche nun mal schöner, als wenn alles zugestellt ist. Mit der Frage »Wieso räumst du eigentlich dreckiges Geschirr nicht gleich in die Spülmaschine? Soll das erst antrocknen?« lässt sich ein hervorragender Grundstein für einen verkorksten Tag legen. Ohne es zu wollen, habe ich schon das ein oder andere Mal eine Lawine von Vorwürfen losgetreten, die wir uns dann gegenseitig voller Überzeugung hinwerfen, und man fragt sich, wo das jetzt auf einmal alles herkommt. Es fallen Sätze, in denen wir »Du« mit »immer« oder »nie« kombinieren. Manchmal bilden wir uns beide ein, mit fotografischem Gedächtnis die Pflichterfüllung des anderen dokumentiert und dabei jedes Versäumnis genau registriert zu haben.

### Anspruch und Wirklichkeit

In einer Studie der Universität Bamberg wurden Männer und Frauen zur Ermittlung des zeitlichen Umfangs von Haus- und Familienarbeit gebeten, minutiös Tagebuch über ihre verschiedenen Tätigkeiten zu führen. Man verglich die so erhobenen Daten mit den eigenen Zeitschätzungen der Teilnehmer, und es kam heraus, dass Männer ihr Zeitbudget für die entsprechenden Arbeiten um 36 Prozent überschätzten, Frauen um 27 Prozent. Hinzu kommt, dass man die investierte Zeit des Partners tendenziell unterschätzt.

Umfragen sind in Bezug auf die Haltungen zum Thema Gleich-berechtigung und Familienarbeit sowieso recht interessant. An-spruch und Wirklichkeit liegen nämlich Welten auseinander, lei-der vor allem bei den Männern. Um zu zeigen, wie wenig es bei manchen Männern braucht, damit sie sich progressiv und gleich-berechtigt fühlen, muss ich unbedingt eine Geschichte loswerden.

Ich saß neulich im Bus, und hinter mir unterhielten sich ein junger Mann und eine junge Frau, die sich anscheinend eine Wei-le nicht gesehen hatten. Sie, eine Ärztin, erzählte von ihrem Kli-nikalltag und den (Wochenend-)Diensten, die das Leben für sie, ihren Freund und das Kind so schwer machen, bis sie endlich ihren Facharzt hat. Nicht beneidenswert, wirklich.

Er war auch Vater und anscheinend Museumspädagoge oder so, jedenfalls erzählte er von Video-Workshops, die Kinder bei ihm im Museum machen können. Aus irgendeinem Kopfhörer um uns rum war der Sommerhit *Get Lucky* von Daft Punk und Pharrell zu hören. Und der Typ hat der Frau dann von einer Idee erzählt, die er zusammen mit Freunden umsetzen wollte: Ein Vi-deo drehen in Anlehnung an diesen Song, nur würde es bei ihnen im Refrain heißen »Wir gehen raus mit'm Buggy« anstatt »We're up all night to get lucky«. In dem Video sollte ein Papa an einem sonnigen Tag mit seinem Kind im Kinderwagen durch die Stra-ßen laufen und das Lied singen. Und am Ende des Songs sollten immer mehr Väter aus Hauseingängen rauskommen und in den Refrain einstimmen: »Wir gehen raus mit'm Buggy.« Ich musste still in mich hineingrinsen. Als der Typ dann aber erzählt hat, im Hintergrund müssten immer die Ladys (!) zu sehen sein, wie sie sich im Park sonnen, »vielleicht 'n Prosecco trinken oder so« und »Er ist raus mit'm Buggy« singen, hab ich eine schlimme Gänse-haut bekommen – das macht sicher jede Mutter, wenn sie mal ein halbes Stündchen Zeit hat.

Glücklicherweise nahm es seine Bekannte mit Humor und hat ihn ganz unverfänglich gefragt, ob die Ladys denn nicht zufällig bei der Arbeit sein könnten und nicht im Park. Woraufhin er nur meinte, dass es so doch viel fröhlicher sei und überhaupt, seine Freundin hätte ein bisschen eine schöne Zeit verdient, wo sie die gemeinsame Tochter ja fast die ganze Woche über betreuen würde. Da hat es mir dann gereicht, und ich bin ausgestiegen.

Offensichtlich fühlte sich der junge Vater großartig, weil er – als jemand, der in einem Museum mit Kindern arbeitet! – sich einen Tag die Woche am Nachmittag für sein Kind freinimmt. Er fühlte sich als »neuer Mann«, wenn er an dem einen Tag durch die Straßen läuft und die Blicke genießt, die ihm volle Anerkennung für seine fürsorgliche Vaterrolle zuteilwerden lassen. Seine Einstellung würde er in jeder Umfrage als gleichberechtigt einstufen, auch wenn sein Familienalltag ganz anders aussieht.

Zurück zu den Umfragen. Würde die Arbeitsteilung im Alltag von Familien den in zahlreichen aktuellen Studien erhobenen Einstellungen entsprechen, dann hätten Stefanie und ich keinen Grund, dieses Buch zu schreiben, geschweige denn Gleichberechtigung zum Prinzip unserer Beziehung zu erheben. Dann wäre Deutschland ein anderes Land. In einer 2009 erschienenen Studie des Sinus-Forschungsinstituts etwa sagten 97 Prozent der befragten Männer und Frauen aus, sie fänden es gut, wenn sich Frauen und Männer in einer Partnerschaft die Aufgaben in Haushalt und Familie gleichberechtigt teilen.

Nehmen wir die Erwerbstätigkeit hinzu: 2008 hielten es laut TNS Infratest über 50 Prozent (und sogar mehr Männer als Frauen) für das Beste, wenn beide Partner in gleichem Umfang erwerbstätig sind und sich Kindererziehung und Haushalt teilen. Inzwischen ist es zudem eine Selbstverständlichkeit, dass Männern ihre Familie am wichtigsten ist, noch vor der Arbeit. Das war

bis in die 1990er Jahre noch in allen Umfragen umgekehrt. Viele
Männer wünschen sich heute sogar, weniger zu arbeiten, um mehr
Zeit mit der Familie zu haben. Klingt das nicht wunderbar? Ar-
beitsteilung ist das Ideal, mehr noch bei den Männern als bei den
Frauen. Deswegen rennen Stefanie und ich auch bei allen, denen
wir von unserem Projekt erzählen, offene Türen ein.

Zumindest theoretisch. Denn die Realität sieht anders aus.
Schön formuliert es der Soziologe Ulrich Beck, der die Diskrepanz
von Anspruch und Wirklichkeit bei Männern als »verbale Auf-
geschlossenheit bei weitgehender Verhaltensstarre« beschreibt.
Tatsächlich sind es in erster Linie die Männer, die ihrer Offenheit
im Hinblick auf Gleichberechtigung keine Taten folgen lassen.
Ganz vorsichtig und langsam vollzieht sich zwar eine Verschie-
bung hin zu einer eher partnerschaftlichen Arbeitsteilung, aber
die zeitliche Belastung von Frauen durch Haus- und Familienarbeit liegt nach Aussage der meisten Studien der letzten 15 Jahre
deutlich über der der Männer. Die Zahlen der Studie von Walter
und Künzler (2002) bilden ab, was anscheinend trotz allen guten
Willens die gesellschaftliche Realität ist: Demnach wendeten Mütter wöchentlich im Durchschnitt 28 Stunden und Väter 18 Stunden für die Betreuung der Kinder auf. Das eigentliche Ungleichgewicht besteht aber bei Erwerbsarbeit (Frauen durchschnittlich
18, Männer aber 52 Stunden) und Haushalt (Frauen 40, Männer 16
Stunden). Solche Daten finden sich zur Genüge. Männer *würden
gern*, sehen sich aber nicht in der Lage, wenn es konkret darum
geht, entsprechende Schritte zu gehen. Zeitgeist hin, Gerechtig-
keitsempfinden her, die vermeintlichen Zwänge der Arbeitswelt
stechen alles andere aus.

## Zeitenwende Familiengründung

Was kann man also machen, um tradierte Rollenverteilungsreflexe zu vermeiden und gerade nach der Familiengründung jenes gleichberechtigte, partnerschaftliche Arrangement beizubehalten, mit dem man ja schließlich so glücklich ist, dass man überhaupt in Erwägung gezogen hat, ein Kind zu bekommen? Zum Beispiel, indem man rechtzeitig über die jeweiligen Erwartungen redet und sich früh einigt (oder sich wenigstens gegenseitig wissen lässt), wie man sich einen Familienalltag so vorstellt. Deshalb hatten Stefanie und ich ja dieses eine entscheidende Gespräch während der Schwangerschaft. Und wenn man sich dazu entscheidet, die Dinge gleich verteilt machen zu wollen, kommt man wie wir nicht drum herum, sich ständig auf dieses Projekt zu berufen. In anderen Worten: Es hilft, wenn man dann irgendein Motto hat, dessen man sich die ganze Zeit rückversichern kann. Bei uns ist es eben 50/50.

Nicht nur gibt es in Deutschland keine Vorbilder, es mangelt auch gravierend an Ratgebern, die für so ein Vorhaben hilfreich wären. Zu empfehlen ist aber das inspirierende Buch »Wirklich gemeinsam Eltern sein« von Amy und Marc Vachon, 2012 erschienen. Da das Buch der Vachons eben ein Ratgeber und von einem amerikanischen Paar verfasst ist, steckt es voller Handlungsanweisungen. Macht es so und so, und alles wird gut. Manchmal geht uns das einen Schritt zu weit. Da es aber die einzige Quelle war, die direkt das 50/50-Prinzip beschreibt, haben wir das Buch als große Hilfe empfunden.

Man kann sich im 50/50-Modell dann solche Regelungen wie Busen-Mensch und Schaukel-Mensch einfallen lassen, um bei der fairen Verteilung der anfallenden Arbeiten konsequent zu sein. Im Idealfall bilden sich möglichst bald auch Routinen heraus, und gewisse Dinge teilen sich von selbst gerecht auf.

Das Modell Busen-Mensch und Schaukel-Mensch zum Beispiel hat seinen Nutzen eingebüßt, als Johann drei Monate alt ist. Es fällt mir zunehmend schwer, nachvollziehen zu können, wieso ich das Baby mehr tragen soll, obwohl Stefanie mittlerweile weniger stillt. Stillen ist kein schlimmer Schlafkiller mehr, Johann will jetzt auch seltener trinken, und ich blicke manchmal mit etwas Neid auf die intime Routine, die die beiden da miteinander haben. Auf der anderen Seite steigt der Bedarf des Babys, herumgetragen zu werden, weiter an. Johann hat zwar nicht mehr so viel Bauchweh, er schläft aber noch immer nur auf dem Arm ein und muss dann abgelegt werden.

Die Kinder von Freunden kommen alle selbstständig zur Ruhe und schlafen irgendwann ein. Ich drehe jeden Abend und tagsüber meine Runden durch die Wohnung und schaukel den Kleinen in den Schlaf. Ich bin bereit für ein neues Modell der Arbeitsteilung, aber Stefanie hat Probleme mit dem Rücken. Außerdem beginnt jetzt meine Elternzeit, und ich werde für die nächsten acht Monate wesentlich mehr mit dem Kind zu Hause sein als sie. Ich freu mich drauf, aber ich hab auch ein bisschen Bammel davor. Noch dazu ist Winterpause und kein Fußball bis in vier Wochen. Dann muss ich halt davon träumen.

# Papa kann auch stillen.

*Stefanie*

Ich sitze auf dem Boden, ein bunt gemustertes Kissen unter meinem Po. Johann, acht Wochen alt, liegt vor mir auf einer weichen Matte und peilt schielend den Beißring in seiner kleinen Faust an. Ob er es schafft, ihn in seinen Mund zu schieben? Mit mir im Kreis sitzen noch acht weitere Frauen mit ihren Babys. Wir sind hier beim »Stilltreff«, um uns über das Stillen und die Probleme, die wir damit haben, auszutauschen. Und uns Tipps von Annette, einer zertifizierten Stillberaterin, geben zu lassen. Es ist ein kalter Wintertag, die Sonne scheint durch die bunten Vorhänge, es gibt Tee und Kekse. Eine nette Umgebung für mein Problem: Ich bin hier, weil meine Brustwarzen vom Stillen wund sind und ich nicht weiß, wie ich das wegbekomme.

Annette ist noch nicht da, und wir Neu-Muttis kommen ins Gespräch. Wie alt ist es, wie schläft es, kann es dies oder das schon? Banale und dennoch wichtige Fragen, um das Wunder Kind zu begreifen und die Tatsache, dass die irren Wendungen, die das Leben gerade nimmt, auch für andere Menschen Alltag sind.

Dann kommt Annette, eine junge Frau mit leicht punkigem Look, stellt sich vor und verteilt erst mal ein paar Infozettel. Darauf sind viele Zeichnungen zu sehen, die das korrekte Anlegen des Babys an die Brust demonstrieren. Der Reihe nach beantwortet Annette unsere Fragen: Warum trinkt das Kind nicht richtig, warum schmerzt es? »Du legst vollkommen falsch an«, erklärt sie der ersten Frau. Sie zeigt am lebenden Objekt, wie es richtig funktioniert: Brustwarze ganz reinschieben. Alle sollen zuschauen, Intimsphäre quasi aufgelöst. Die Nächste ist dran: Das Kind verschluckt sich immer und spuckt ständig. »Kein Wunder, dass dein Kind Probleme mit dem Saugen hat, du gibst ihm ja auch einen Schnuller. Davon hat er eine Saugverwirrung bekommen. Schnuller ab sofort weglassen«, erklärt Annette streng. Die nächste Frau möchte abstillen. »Das dauert Monate«, sagt Annette, »du musst es ganz langsam machen, damit dein Kind kein Trauma bekommt.« Die Frau, dem Akzent nach zu urteilen Französin, setzt zum Protest an: »In Frankreich bekommt man vom Arzt einfach eine Pille verschrieben, und dann dauert es nur wenige Tage.«

»Das schadet dir und deinem Kind«, urteilt Annette. Ich bin erstaunt. Was soll dieser soldatische Tonfall? Hier sitzen Rat suchende erwachsene Frauen – keine Schulmädchen, die belehrt werden wollen.

Auf dem Arm von Annette entdecke ich ein Tattoo: »For those I love, I will sacrifice«, steht da. Auf deutsch: Für die, die ich liebe, werde ich mich aufopfern. Aufopfern – starkes Programm. Aufopfern für das Kind. Die Bedürfnisse des Säuglings stehen über allem. Ich will aber ehrlich gesagt nichts opfern. Mein Leben nicht und meine Brustwarzen schon gar nicht. Ich bin verwirrt und wütend.

Dabei war das durchaus absehbar: Als ich schwanger wurde und man den Bauch langsam sehen konnte, kam die Frage »Wirst du stillen?« immer gleich nach »Wie lange wirst du aufhören zu arbeiten?«. Anstrengend. Immer wenn ich aber Bedenken geäußert habe, wurde mir eindringlich erklärt, wie unglaublich wichtig das Stillen sei. Und zwar nicht nur von Freunden oder anderen Müttern: Sogar der Kioskbesitzer in meiner Straße erklärte mir, dass Stillen die Kleinen ja so gut vor Erkältungen schützen würde. Stillen ist mit unserem 50/50-Prinzip jedoch schwer vereinbar. Warum wir uns trotzdem für das Stillen entschieden haben, kann ich mir nur damit erklären, dass die ganze Gesellschaft davon ausgeht, dass Frauen stillen sollen. Aber warum eigentlich?

### Stillen - das Beste für Mutter und Kind

Stillen ist in Deutschland außerordentlich erwünscht. Es gibt seit 1994 sogar eine Nationale Stillkommission. Denn Stillen ist nicht nur etwas Alltägliches wie Essen und Trinken für das Baby, sondern eine »gesundheitspolitische Maßnahme«. Auch die Weltgesundheitsorganisation WHO und die UNICEF machen sich dafür stark. Gemeinsames Ziel: die Förderung einer »Stillkultur«. Aha.

Auf der Webseite des Bundesministeriums für Ernährung und Landwirtschaft wird das Stillen mit warmen Worten gepriesen: »Stillen ist das Beste für Mutter und Kind«, steht da. Darunter ein Foto von einem wonnigen Baby, das zufrieden an einer ziemlich schönen Brust nuckelt. Das sieht gar nicht nach gesundheitspolitischer Maßnahme aus, sondern sehr romantisch. Die Gründe, die für das Stillen sprechen, werden kompakt zusammengefasst: Muttermilch liefert von Natur aus alle wichtigen Nährstoffe fürs Baby. Muttermilch ist praktisch, immer verfügbar und kostenlos.

In den 1980ern, ich war damals in der Grundschule, gab es einen Skandal um die Firma Nestlé. Beim Einkaufen wollte meine Mama mir plötzlich nicht mehr meinen Lieblingspudding kaufen. Sie erklärte mir, dass wir nun die Firma Nestlé boykottieren würden, weil diese in Afrika den Frauen erzählt, dass künstliche Babynahrung besser sei als Stillen. Und weil man diese Nahrung mit dreckigem Wasser anrührt, würden die Babys sterben. Deswegen gab es von da ab keine Puddings von Nestlé mehr, aus Protest. Pulvernahrung ist schädlich, Stillen ist gut. Diese einfache Formel ist mir im Kopf geblieben. Und einfache Formeln pro Stillen begegnen mir heute überall wieder.

Immer wieder finde ich Studien, die die positiven Auswirkungen des Stillens belegen. Zum Beispiel, dass Stillen die Hirnentwicklung fördert: Gestillte Kinder hätten eine um 20 bis 30 Prozent größere »weiße Gehirnsubstanz« als nicht gestillte Kinder. Äh. Ja. Sechs Prozentpunkte mehr Intelligenz, sagen Forscher aus Weißrussland. Ob ich weißrussischen Forschern trauen kann? Andere Wissenschaftler wiederum haben herausgefunden, dass bei Flaschenbabys während des Trinkens zwei Hauptstammnerven aktiv seien, bei Stillbabys hingegen acht. Ich bin beeindruckt. Stillen ist anscheinend der beste Weg zum Superhirn. Und noch mehr Studien: Gestillte Kinder werden seltener krank oder übergewichtig, haben weniger Allergien, seltener Diabetes, Asthma oder Karies.

Also, alles klar. Oder? Warum wurden Kinder eigentlich jemals nicht gestillt, frage ich mich. Wegen der Profitgier der Nahrungsmittelindustrie? Ina Freudenschuss, eine Wiener Journalistin, die sich kritisch mit dem Stillen auseinandergesetzt hat, stört nicht das Stillen an sich, sondern die Art und Weise, wie darüber gesprochen und geschrieben wird. »Denn die Entscheidung für oder gegen das Stillen ist keine private Entscheidung der Frau mehr. Man geht davon aus, dass der Staat Gesundheitskosten spart, wenn die Frau stillt.« Und damit Frauen in jedem Fall stillen, wird so getan, als sei Fläschchennahrung geradezu schädlich.

Nach langer Auseinandersetzung ist die Journalistin zu dem Schluss gekommen, dass viele der positiven Berichte zum Stillen schlicht übertrieben sind. Die langfristigen Auswirkungen des Stillens auf das Baby seien nicht so einfach zu messen, wie es dort oft nahegelegt wird. Babys sind einfach zu vielen Einflüssen ausgesetzt, die neben dem Stillen auf ihre Gesundheit und Entwicklung einwirken. Zum Beispiel stillen statistisch gesehen meistens gebildete und gut situierte Frauen, die ihre Kinder auch sonst stärker fördern, sich gesünder ernähren und außerdem Zugang zu einer besseren Gesundheitsversorgung haben. Das verzerrt die Forschungsergebnisse.

Eine aktuelle Studie aus den USA, die Geschwisterpaare untersucht hat, von denen ein Kind gestillt wurde und das andere nicht, schaltet einige dieser Faktoren aus. Die Daten von 1773 zwischen 1986 und 2010 geborenen Kindern wurden untersucht und kein einziger Aspekt gefunden, bei dem die Stillkinder »besser« oder »gesünder« gewesen wären als die Flaschenkinder. In die gleiche Richtung argumentiert das Magazin *Der Spiegel* im April 2014 in einem langen Artikel zum Thema Allergien. Darin steht unter anderem, dass Stillen als Allergieprävention überschätzt wird. Statt wie bisher sechs Monate ausschließlichem Stillen empfehlen Experten mittlerweile wieder das Zufüttern mit Brei ab dem vierten Monat.

Ich nehme eine Broschüre der Firma Chicco in die Hand, die irgendeiner Onlinebestellung für Umstandsklamotten beigelegt war: »Das Stillen verringert das Risiko von Eierstock- und Brustkrebs um 65 Prozent«, steht da. Eine Studie aus dem Jahr 2002 mit 150 000 Frauen habe das bewiesen. Wirklich? Machen wir doch mal den Test, denke ich, besorge mir die Studie und bin erstaunt. Dort wird eine absurde und komplizierte Rechnung präsentiert: »Das relative Risiko, an Brustkrebs zu erkranken, sinkt um drei bis vier Prozent – pro zwölf Monate Stillen – zusätzlich zu den sieben Prozent, die es sowieso für jede Geburt sinkt, unabhängig davon, ob gestillt wird.« Häh? Um auf die 65 Prozent reduziertes Brustkrebsrisiko zu kommen, müsste ich also mindestens vier Kinder jeweils etwa zweieinhalb Jahre stillen. Das wären dann insgesamt zehn Jahre Stillen. Wie soll man denn da sein Leben weiterleben? An die Verwirklichung von beruflichen Plänen oder eine gleich-berechtigte Arbeitsteilung wäre dann nicht mal mehr im Traum zu denken.

Mit der Wahrheit ums Stillen scheinen es viele also nicht so genau zu nehmen. Hauptsache, Frau tut es, egal, ob sie davon überzeugt ist. Seit 2003 wird der Ton, in dem über das Stillen gesprochen wird, immer schärfer. Ein Papier der WHO beschreibt nicht gestillte Kinder nun sogar als gesundheitliche Risikogruppe.

### Stillen = Zuckerbrot und Peitsche

Tobias und ich haben uns für das Stillen entschieden: aus dem Gefühl heraus, dass es eben immer noch das Beste für das Kind ist und weil wir davon ausgegangen sind, dass wir flexibel genug sind. Gleichzeitig wollen wir uns freimachen von Denkverboten und gesellschaftlichem Stilldruck. Wir wollen einen Weg finden, der für uns praktikabel ist, und haben uns auf folgendes Vorgehen geeinigt: Ich stille und pumpe zwischendurch Milch ab. Die Flasche gibt dann Tobias. So kann auch er »stillen«, und ich habe ein bisschen Ruhe.

Soweit die Theorie. In der Praxis sieht das jedoch anders aus. Da ich noch nicht arbeite, bekommt Johann die Flasche nur selten. An einem Abend in der Woche pumpe ich Milch ab und bekomme so ein bisschen was von meiner Freiheit zurück: Dann mache ich einen Abend mit Freundinnen. Ins Kino gehen, quatschen und vielleicht mal ein Gläschen Sekt oder ein Bier. Mit Blick auf die Uhr ist das kein Problem, denn wenn Johann das nächste Mal an die Brust geht, ist der Alkohol abgebaut. Und Tobias kann so schon mal üben, wie es sein wird, wenn ich wieder zurück zur Arbeit gehe. Richtig Spaß macht die Abpumperei allerdings auch nicht, sie artet sogar in Stress aus. Man kommt sich vor wie eine Kuh an der Melkmaschine – unangenehm.

Wahrscheinlich ist das Stillen einer der Hauptgründe, warum sich bei vielen Paaren in den ersten Monaten die klassische Rollenverteilung manifestiert, wird mir klar. Wie das passiert, kann ich auch bei uns ganz gut nachvollziehen: Durch das Stillen verbringe ich sehr viel mehr Zeit mit dem Baby als Tobias. Alle zwei bis vier Stunden will Johann an die Brust. Nicht nur, wenn er Hunger oder Durst hat, sondern auch mal so, zur Beruhigung und um zu kuscheln. Ich mache in den ersten Wochen eigentlich kaum etwas anderes. Das Kind schläft, und wenn es nicht schläft, liegt es irgendwie auf oder an mir und trinkt. Das ist dann ziemlich gemütlich, und ich schaffe es sogar, in dieser Zeit zwei dicke Romane zu lesen und einen Vortrag vorzubereiten. Diese intensive Zeit gehört Johann und mir – natürlich exklusiv. Klar, dass dadurch eine sehr enge Bindung entsteht.

Tobias muss die Bindung zu Johann anders herstellen als ich: Er nimmt sich viel Zeit für Körperkontakt mit dem Kleinen. Er trägt ihn täglich im Tragetuch, wo Johann ihn gut riechen und spüren kann. Er lässt ihn so oft wie möglich auf seinem Bauch schlafen, weil er das selbst so schön findet. Und er ist für das Wickeln und Anziehen zuständig, eine intime Zeit mit großem Kuschelfaktor.

Trotz alledem ist das Stillen für mich in den Tagen direkt nach der Geburt ziemlich unangenehm. Auch bei mir kommt nach circa drei Tagen der Milcheinschuss. Für manche Frauen ist der sehr schmerzhaft – und eine davon bin ich. Angebot und Nachfrage müssen sich nämlich erst mal einpendeln, und mein Busen ist zu Beginn manchmal bis zum Platzen voll. Vor lauter Schmerzen bin ich ein heulendes Häuflein Elend. Johann möchte alle zwei bis drei Stunden trinken, was die Schmerzen kurzfristig erleichtert.

Ich liege also die meiste Zeit im Bett und vertreibe mir die Zeit mit Romanlektüre. Tobias läuft geschäftig zwischen Bett und Küche hin und her. So habe ich mir das alles nicht vorgestellt. Mit dem Poster-Busen und den niedlichen Babys auf der Webseite des Bundesministeriums für Ernährung und Landwirtschaft hat das gar nichts zu tun – ich finde die Stillerfahrung zu Beginn eher schockierend. Wie bei einer Krankheit kann ich nur warten, bis der Spuk sein Ende nimmt. Und das dauert.

Meine Freundin Susanne, die ebenfalls gestillt hat, erzählt, dass es bei ihr circa acht Wochen dauerte, bis die Schmerzen nachließen. Erst danach wurde es besser und irgendwann ganz einfach. Das kann ich mir zu diesem Zeitpunkt nicht vorstellen, aber ich muss da durch. Abstillen würde das Problem auch nicht lösen.

Ich kann jetzt auf jeden Fall verstehen, warum Frauen seit jeher Methoden gesucht und gefunden haben, um das Stillen zu umgehen. Die erste nachgewiesene Quelle zur Existenz von Ammen stammt aus dem dritten Jahrtausend vor Christi Geburt. Auch Milch von Ziegen und Eselinnen wurde als Säuglingsnahrung eingesetzt, teilweise mit Getreide zu einem dünnflüssigen Brei angereichert. Die historische Stillforschung nimmt sogar an, dass das Stillen in manchen europäischen Regionen über Jahrhunderte fast ausgestorben war.

Erst in der ersten Hälfte des 19. Jahrhunderts begann eine Stillrenaissance, lanciert von Ärzten, die versuchten, die enorm hohe Säuglingssterblichkeit der Zeit zu verringern. Einige Jahrzehnte später wurde die erste industriell hergestellte Fertignahrung produziert: Kuhmilchpulver unter Beigabe von Kohlenhydraten. Diese Rezeptur wurde über die Jahrhunderte immer weiter verbessert. Heute entsprechen Muttermilchersatzprodukte mit dem Präfix »Pre-« in Bezug auf den Nährstoffgehalt weitgehend der Muttermilch. Es fehlen allerdings die immunologischen Inhaltsstoffe, die bis heute nicht künstlich hergestellt werden können.

## Papa kann doch stillen

Acht Wochen später hat sich die Milchproduktion eingependelt. Irgendwann stellt sich das Milchangebot auf die Nachfrage ein: Die Schmerzen sind weg, und die Trinkabstände vergrößern sich langsam. Gut so: Denn in fünf Wochen möchte ich wieder arbeiten gehen. Nach drei Monaten zu Hause geht es für mich im neuen Jahr zurück in den Job und Tobias' Elternzeit beginnt. Die Ernährungsform, die mir für diese Phase vorschwebt, nennt man Zwiemilchnahrung: Ich werde stillen, und Tobias soll in meiner Abwesenheit Pulvernahrung geben, Johann bekäme dann also zwei verschiedene Milchsorten. Natürlich scheiden sich auch hier die Geister. Die von der Stillfront meinen, das sei problematisch, weil es automatisch zum verfrühten Abstillen führen würde und die Vorteile des Stillens gemindert wären. Nur Vollstillen würde den ganzen Allergiepräventionskram bringen. Es gibt aber auch Stimmen, die sagen: Halbtags stillen ist besser als gar nicht. Die Zeitschrift *Eltern* empfiehlt deswegen die Zwiemilchnahrung allen Frauen, die sich mehr Flexibilität wünschen, die einen schnellen Wiedereinstieg in den Beruf planen und die den Vater ins Füttern einbinden wollen. All das will ich. Und ich kann endlich mit der blöden Abpumperei aufhören.

Der Plan für meine Arbeitstage – ich arbeite 16 Stunden an vier Tagen, bin mit Wegen also an vier Tagen je fünf Stunden unterwegs – sieht vor, dass Johann, der zurzeit alle drei Stunden trinkt, in meiner Abwesenheit eine Flasche mit Pre-Milch bekommt. Also nicht mehr eine Flasche pro Woche, sondern eine pro Tag. Drum herum und nachts werde ich weiter stillen.

Allerdings hat unser Sohn da andere Pläne als wir. Der denkt sich: Wieso die schöne, weiche Brust gegen einen kalten Silikonsauger tauschen? Nicht mit mir. Wenige Tage, bevor mein Job beginnt, weigert er sich vehement, die Flasche zu nehmen. Zum Glück kann Tobi ihn mir ins Büro bringen. Dick eingepackt gurken die beiden durch den Berliner Winter, damit ich Johann stillen kann. Mir tut das zwar leid – für Johann weniger, dem gefällt der Ausflug, eher für Tobi. Aber ich bin sehr froh, dass es so geht. Und ändern kann ich es schließlich auch nicht. Auch für mich sind die Abläufe jetzt nicht unbedingt einfacher. Meine Zeiten ohne Kind bleiben beschränkt. Bei allem, was ich ohne Johann unternehme, habe ich die Uhr im Kopf. Die Milchproduktion ist unerbittlich, nähere ich mich den drei Stunden, beginnt es zu tropfen und zu drücken.

Diese Fläschchenverweigerungsnummer dauert ungefähr acht Wochen. Und dann passiert es: Genauso plötzlich, wie Johann die Flasche zu Beginn unseres Experiments abgelehnt hat, nimmt er sie nun wieder. Ich pumpe also wieder fleißig ab, und Tobi muss nicht mehr quer durch Berlin gondeln. Mit der Einführung der Zwiemilchnahrung warten wir aber noch ein bisschen ab, damit Johann nicht durch den neuen Geschmack zusätzlich verwirrt wird; wir sind heilfroh, dass er statt der warmen Brust nun ohne zu meckern die Flasche akzeptiert. Und richtig: Die ersten Versuche mit der Pulvernahrung lehnt er ab. Erst nach weiteren acht Wochen klappt auch das. Für mich ist es eine riesige Entlastung, dass wir nun auch Pulvermilch füttern können. Ich schaue nicht mehr ständig auf die Uhr und hetze nach dem Büro nach Hause. Und plötzlich fängt das Stillen sogar an, mir Spaß zu machen, weil ich nicht mehr muss. Als ich nach insgesamt acht Monaten komplett abstille, fällt es mir ziemlich schwer. Zum ersten Mal kann ich auch Frauen verstehen, die ihre Kinder länger als die empfohlenen sechs bis zwölf Monate stillen. Und die von der Gesellschaft ja auch ähnlich angefeindet werden wie nicht stillende Frauen. Verrückt.

# Zurück in IHREN Job.

*Tobias*

O.k. Neuer Versuch. Wieder mit Muttermilch diesmal, nicht dem komischen Pulver. Eine Flasche davon steht im Kühlschrank, die mache ich in so einem Dampfding warm. So, Temperatur stimmt? Gut. Welchen Sauger nehmen wir heute? Den, mit dem es doch eigentlich schon ganz gut geklappt hatte. Stefanie hat sich ins Schlafzimmer verzogen, damit Johann sie nicht sieht. Der Kleine ist unruhig, hat ordentlich Hunger und will jetzt gestillt werden. Ich nehme die Flasche – er hat sie noch nicht gesehen – und setze mich mit ihm in den bequemen Sessel, Stillkissen um mich rum. So, alles passt. Johann wendet sich zu meiner Brust hin, ich dreh ihn wieder und schwupp, hat er die Flasche im Mund. Einundzwanzig, zweiundzwanzig ... wääääh. Alarm. Hätte ja sein können. Wir müssen es einfach nur weiter versuchen, es wird schon klappen, natürlich, klar. Das Blöde ist nur, es hat doch schon mal sehr gut funktioniert! Wieso denn jetzt nicht mehr, wo es darauf ankommt!?

Es ist Neujahr, der Beginn von neun Monaten Elternzeit. Ab morgen geht Stefanie wieder arbeiten. 16 Stunden auf vier Tage verteilt hat sie den Auftrag, Pressearbeit in einer Agentur zu machen. Damit Johann trinken kann, während Stefanie weg ist, hat sie schon vor Wochen damit begonnen, Milch abzupumpen und einzufrieren. An Abenden, an denen sie mal aus war, habe ich die Milch aufgetaut, dem Baby dann die Flasche gegeben, und alles war gut. Vor einer Woche dann nicht mehr, gerade, als wir die Frequenz erhöhen wollten. Dass Johann die Flasche jetzt nicht nimmt, hat für Stefanie die Konsequenz, dass sie abends nicht mehr so gut vor die Tür kann (vielleicht mal ins Kino ums Eck, aber nur, wenn sie genau vorher stillt). Das ist blöd für sie. Ich hingegen kann weiterhin wie gewohnt am Abend raus und bin auch nicht an konkrete Zeiten gebunden, zu denen ich zu Hause sein muss.

Als jetzt am Neujahrstag der x-te Versuch mit Flasche fehlschlägt, muss aber vor allem ich mich damit abfinden, Johann ab morgen jeden Tag zu Steffi in die Arbeit zu bringen, damit sie ihn dort stillen kann. Im Januar. Anziehen, raus zur U-Bahn, sieben Stationen, dann wieder Fußweg, aber für Berliner Verhältnisse ist eine knappe halbe Stunde eigentlich zu verkraften. Muss halt sein. Mal sehen, wie sich das entwickelt. In jedem Fall bin ich happy, meine Elternzeit zu beginnen und jetzt bis September voll für Johann (und Stefanie!) da zu sein.

Bis Dezember, also in den ersten drei Lebensmonaten von Johann, war ich in der Uni mit etwa dem Pensum eingespannt, das Stefanie jetzt leisten muss. Zumindest, was die Präsenz angeht. Mein Chef ist mir sehr entgegengekommen, als ich anfragte, ob ich den Großteil meiner Arbeit von zu Hause aus erledigen kann. So war ich 12 bis 15 Stunden pro Woche im Büro, meine Seminare hab ich an einem Adventwochenende im Block zu Ende gebracht, damit ich mitten im Semester in Elternzeit gehen kann. Es hat mir Spaß gemacht, zu Hause rauszukommen und einfach Abwechslung zu haben. Aber jetzt werden die Rollen vertauscht. Jetzt freut sich Stefanie auf die Abwechslung, und ich kann es verstehen. Das war ihr wichtig, und das ist unser Deal.

Eine Woche später habe ich bereits ein bisschen Routine, und die paar Bringdienste waren alle ganz entspannt. Da Stefanie mit Wegen um die fünf Stunden aus dem Haus ist, stillt sie, bevor sie losgeht. Quasi zur Halbzeit mache ich mich dann hier auf, packe den Kleinen ein und gehe zur U-Bahn. In der Agentur arbeiten nur Frauen, auf dem Weg zu Stefanies Büro schallt es »Uih, da isser ja, der Kleine« und »Da kommt der Papa wieder durch den Schnee gestapft!« Stefanie freut sich. Beim Stillen kackt das Baby, und wir wickeln es auf dem Schreibtisch. Dann wieder anziehen, Mütze auf und ab ins Tuch, mit dem ich Johann durch die Stadt trage. Nach zehn Minuten bin ich wieder auf der Straße und kann mir überlegen, ob ich noch einen Spaziergang mache. Wann schläft er wieder ein? Schaff ich's bis nach Hause und kann ihn dort ablegen? Krieg ich ihn aus dem Tuch, ohne ihn zu wecken? Es gibt einige Entscheidungen zu treffen. In der U-Bahn kriege ich es voll ab. Johann schaut alle mit seinen großen Augen an, ich bekomme Komplimente für das süße Baby und dass ich mich als Mann überhaupt darum kümmere. Johann hat einen besonderen Draht zu Junkies und Touristen, die flirtet er immer an. Mit denen muss ich dann Small Talk betreiben, aber es geht mir bald auf die Nerven. Die U-Bahn ist für mich normalerweise ein Ort, an dem ich andere sehe und beobachte. Jetzt blicken alle auf mich, das ist anstrengend.

Weitere Versuche mit der Flasche schlagen fehl, Pulvermilch kommt auch nicht besonders gut an, in einer Tüte findet sich nun ein komplettes Saugersortiment von mindestens fünf verschiedenen Herstellern: »Der Brust nachempfunden«, »Kiefergerecht«, »natürliches Trinkgefühl«. Obwohl Stefanie nur 20 Stunden die Woche unterwegs ist, fällt mir die Decke auf den Kopf. Und schon im Februar ist mir klar, was im April dann zur Nachricht wird: Wir haben den dunkelsten Winter aller Zeiten. Wenn der Kleine schläft, kann ich gerade mal aufräumen und die Küche machen, Einkaufslisten schreiben. In Ruhe ein Buch lesen schafft nur Stefanie, bei mir funktioniert es irgendwie nicht. Keine Ahnung, wie sie das auf die Reihe bekommen hat. Die meiste Zeit bin ich ziellos irgendwo online. Und langweile mich. Wenn Stefanie zu Hause ist, will der Kleine ja trotzdem stets bespaßt oder zumindest beaufsichtigt sein. Klar geh ich auch mal ins Kino oder mit Freunden was trinken, aber so richtig ausgelassen wird es selten, ich würde danach ja schon gern auch mal ausschlafen – und das geht halt nicht.

### Und was habe ich eigentlich davon?

Ich mache keinen Hehl daraus. Die Entscheidung pro 50/50 stelle ich schon manchmal in Frage. Natürlich kommen Stefanie und ich – mal gemeinsam, mal unabhängig voneinander – an einen Punkt, an dem wir uns nicht sicher sind, ob das nun das richtige Modell ist. Es liegt wohl in der Natur der Sache bei solchen großen Weichenstellungen. Im Moment frage ich mich deswegen immer häufiger, was ich eigentlich davon habe, dass Steffi jetzt wieder arbeiten geht. 16 Stunden, was ist das schon? Finanziell macht es für uns keinen Unterschied, denn ihr Beitrag auf unser Familienkonto bleibt erst mal gleich. Wieso sitze ich acht Monate hier zu Hause mit dem Baby? Das ist doch furchtbar zäh und langweilig! Es fällt mir schwer, so weit von der aktuellen Situation zurückzutreten, um zu sehen, dass es wirklich nur eine Phase und Teil unserer Vereinbarung ist. Der Alltag mit Baby gibt diesen Blick nicht wirklich frei. Und so muss man die Zweifel erst immer wieder mühsam beiseiteräumen.

Als Wissenschaftler, der viel liest und schreibt, bin ich einsames Arbeiten eigentlich gewohnt, und an der Uni geht es bei uns auch eher beschaulich zu. Ich sehe aber jetzt bei Stefanie, wie wichtig auch nur der kleinste Austausch ist, der mal nichts mit dem Kind, sondern mit Inhalten zu tun hat, an denen man miteinander arbeitet. Ich beneide sie darum, dass sie täglich in einem Büro sitzt und von anderen Leuten umgeben ist und Spaß hat und etwas macht – Teil von noch etwas anderem ist als der Familie.

Ich werde diese Ambivalenz, die mir Unbehagen in meiner neuen Rolle bereitet, manchmal nur sehr schwer los. Ein Beispiel: An einem Tag, an dem Stefanie in der Arbeit viel zu tun hatte, habe ich Johann zweimal zum Stillen zu ihr gebracht. Zwischendurch war ich in der Kälte spazieren, zu Hause hat der Kleine permanent gemeckert, wollte nur getragen werden und hat sich mehrmals so eingekackt, dass ich die kompletten Klamotten wechseln musste. Steffi kam dann am frühen Abend nach Hause. Ich habe ihr gerade noch die Zeit zum Schuhe ausziehen gelassen, ihr dann wortlos das Kind in die Hand gedrückt und bin zum Kühlschrank, um mir ein Bier aufzumachen. Schon als ich den ersten Schluck getrunken hab, kam mir mein Verhalten total blöd vor. War halt ein anstrengender Tag, na und? Soll Stefanie jetzt ankommen, mich küssen und sagen: »Oh, du hattest so einen anstrengenden Tag, mein Lieber, ich bin dir soo dankbar!!« Das wäre doch auch albern, oder? Also habe ich mich zusammengerissen, wenigstens das Bier genossen, auf das ich so »hingearbeitet« habe, und bin dann wieder rüber zu Stefanie, um einfach nur zu hören, was an dem Tag denn so los war.

### Ach ja, der neue Mann

Ich bin mit dem Beginn meiner Elternzeit also endgültig angekommen im Alltag einer gleichberechtigten Beziehung, kann aber – vor allem im Hinblick auf die Reaktionen meiner Umwelt – nicht behaupten, mich darin wirklich wohlzufühlen. Obwohl ich mir das natürlich gewünscht und von mir auch erwartet hatte. Auf einem Spaziergang mit Johann durch die Nachbarschaft schaut mich eine junge Frau um die 20 interessiert an und sagt zu ihrer Freundin: »Da schau, ein neuer Mann!«. Um Gottes willen. Ich fühle mich sofort uralt, alle möglichen Stereotypen geistern mir auf einmal durch den Kopf. Schlagartig wird mir klar, dass es für Männer in meiner Situation keine vernünftigen – d. h. ernst zu nehmenden – Rollenangebote gibt, sondern nur Figuren aus dem Repertoire von Comedians.

Der »neue Mann« – wenn man den jetzt mal als Sammelkategorie verwendet für lauter aufgeweichte Typen wie Frauenversteher, Wollpullis etc. – war nie einer, den man wirklich ernst genommen hat. Das wird mir jetzt überdeutlich. Er wurde vom gesellschaftlichen Mainstream zwar fasziniert und gleichzeitig auch widerwillig aufgenommen, aber angekommen ist er dort nie. Das hat sich in den 90ern, den Nuller-Jahren und bis heute nicht groß geändert.

Die zeitlose Formel, die hierzu aufzustellen ist, lautet: Wer die Sache der Frauen zu seiner Sache macht, wird gesellschaftlich abgewertet. Der neue Mann existiert eben immer nur als Zerrbild, als mediales Label, mit dem sich im gesellschaftlichen Alltag aber niemand schmücken möchte. Genau das schwingt in der Art und Weise mit, wie mich die Tante vor dem Café einen neuen Mann nennt. Einerseits haben es die Männer unterlassen, Vorbilder für den egalitär und partnerschaftlich orientierten, an der Erziehung seiner Kinder interessierten Mann zu entwerfen und anzunehmen. Andererseits können sich auch die Frauen, wie ein Blick auf den Markt der Beziehungsratgeber offenbart, noch nicht von der Vorstellung lösen, ein Mann sei entweder einsilbig, stark und ein Ass im Bett oder eben witzig, empathisch und intelligent, könne das weibliche Sicherheitsbedürfnis letztendlich aber nicht bedienen.

Das Paradoxe an dieser Situation ist, dass es den neuen Mann natürlich bereits gibt. Ich sehe ihn überall. Längst existiert ein sehr breites Raster an Rollenentwürfen. Paare und Familien haben sich in Deutschland in den letzten 20 Jahren ein unglaublich differenziertes Panorama an Lebensentwürfen und damit verbundenen familiären Arrangements geschaffen. Nur hat man den Eindruck, dies geschieht alles lediglich im Privaten. Es gibt keine wirklich prominenten Vertreter dieser Männer, die dieses riesige Feld erschließen helfen würden. Was fehlt, sind Erzählungen über die Normalität eines solchen Lebens. Es gibt unter Männern einfach zu wenige Gespräche über Kinder- und Familiendinge. Kein Bewusstsein, keine Vorbilder, die einem so etwas als Entwurf oder sogar Selbstverständlichkeit vorleben und die einem zeigen würden, wie man das vor allem gelassen angeht. Mit der Folge, dass jeder Vater, der sich für eine aktive und präsente Rolle entscheidet, all diese kleinen Konflikte für sich aufs Neue austragen muss. Und als neuer Mann beschrieben zu werden bleibt irgendwie beschämend.

### Die Idee war gut, doch die Welt noch nicht bereit

Ich erinnere mich zurück an einen Artikel in der *Süddeutschen Zeitung*, der etwa einen Monat vor Beginn meiner Elternzeit erschienen war und dessen Autor nach über 20 Jahren als »neuer Mann« ziemlich desillusionierend Bilanz zieht. Christian Nürnberger, Ehemann der Ex-*heute*-Nachrichtensprecherin Petra Gerster, hatte 1990 voller Enthusiasmus die Rolle des Hausmanns und Kinderbetreuers übernommen, seine eigene Karriere zugunsten der seiner Frau zurückgestellt und sich dabei mehr als gut gefühlt. Frohgemut, ja geradezu übermütig, schrieb er damals: »Seht her, hier bin ich, der neue Mann, ein Held unserer Zeit! Während meine Frau Karriere macht, schmeiße ich den Haushalt, ziehe ein paar Kinder groß und setze mich als freier Autor durch. Mir nach, rufe ich meinen Geschlechtsgenossen zu, wir sind die wahren Revolutionäre. Die Supermänner! Man wird uns bewundern, man wird uns verehren, Alice Schwarzers *EMMA* wird uns der Reihe nach zum ›Mann des Jahres‹ ausrufen, die Leute werden uns in den Bundestag wählen und als Kanzlerkandidaten vorschlagen. Die ganze Gesellschaft wird sich von Grund auf verändern, und wir, wir werden nicht nur dabei, sondern die eigentlichen Akteure gewesen sein.«

Zwischen damals und heute liegt nichts als Desillusionierung. Nicht Nürnberger, der neue Mann, sondern die röhrenden Hirsche eroberten das Spielfeld: Bush, Berlusconi und Putin, die »Supermanager« Schrempp, Sommer und Middelhoff und natürlich auch Typen wie Effenberg und Kahn, deren Visitenkarte das »Eier haben« ist. »Ernüchtert muss ich daher nach 22 Jahren Kampf für eine neue Geschlechterfreiheit bekennen«, schreibt Nürnberger dann in seinem Artikel: »Es scheint ihn nicht zu geben, den neuen Mann. Und die dazugehörige neue Frau auch nicht. Der Lackmustest für echte Emanzipation besteht ja nicht darin, dass der Mann das Klo putzt, der eigentliche Test besteht in der Überwindung archaischer Rollenmuster – und zwar auf beiden Seiten.«

Ich bin nicht bereit, diese Ernüchterung zu teilen. Sondern der festen Überzeugung, dass die Gesellschaft heute trotz dieser Bilanz und trotz meiner eigenen manchmal auftauchenden Befürchtungen absolut reif ist für Rollenbilder des Mannes jenseits der Kategorien Eier haben, Bohrinsel, Investmentbanker, Frauenversteher und Wollpulli. Es erscheint mir einfach zeitgemäß, und ich bin mir sicher, dass wir nicht die Einzigen sind, die diesen Entwurf leben. Die Info muss nur noch an die Öffentlichkeit. Dann wird es Männern wie mir auch leichter fallen, diese Ambivalenzen aufzulösen und die Gleichberechtigung der Partnerin nicht nur zu ertragen, sondern wirklich zu bejahen. Was ich davon habe, weiß ich auch. Ich kann es nur als eine Art Mantra wiederholen: die Möglichkeit, ein aktiver Vater zu sein. Eine enge Bindung zu meinem Kind. Eine unabhängige, zufriedene Partnerin. Entlastung von dem Druck, eine Familie allein ernähren zu müssen. Freiheiten und Wahlmöglichkeiten im Job, die ich sonst nie haben könnte. Der Alltag dieses Modells hat zwar deutlich weniger Glamour als meine schöne Aufzählung von Gründen dafür, aber es hat ja niemand gesagt, dass es einfach werden würde.

# Zurück in den Job.

## Stefanie

Die Überlegung, wann ich nach der Geburt wieder arbeiten gehen will, lässt sich in einem Satz zusammenfassen: so schnell wie möglich, so spät wie nötig. Ich hatte nie den ZDF-Abendserientraum, von einem adeligen Schmierlappen in einem weißen Cabrio geheiratet zu werden, um dann als treusorgende Gattin Schloss und Kinder zu hüten. Ich wollte nie Hausfrau werden, nicht weil ich etwas gegen Hausfrauen habe, sondern weil ich das Konzept nie verstanden habe. Warum daheimbleiben, wenn man auch arbeiten gehen kann? Ich kann nicht oft genug betonen, wie wichtig mir finanzielle Unabhängigkeit ist: Sie lässt mich ruhig schlafen. Dabei geht es nicht nur um die Möglichkeit einer Trennung. Es kann ja auch immer ein Unfall oder Ähnliches passieren. Für unser 50/50-Prinzip ist meine Berufstätigkeit eine Grundvoraussetzung: Wir wollen ja schließlich nicht nur Kind, Haushalt und Freizeit, sondern auch die Erwerbsarbeit gleichberechtigt aufteilen. Das bedeutet: Wir sind beide Familienernährer.

Hinzu kommt ein ganz pragmatisches Problem mit dem Elterngeld: Als Freiberuflerin unterliege ich jährlichen Schwankungen, und das Jahr, auf das sich die Berechnungen des Jugendamtes bezogen haben, war wirtschaftlich nicht so erfolgreich. Mein Elterngeld ist einfach recht knapp bemessen, und der fehlende Lohn hätte ein dickes Loch in die Haushaltskasse gerissen. Tobias bekommt viel mehr Elterngeld als ich. Auch ein Grund. Das Statistische Bundesamt hat im Übrigen herausgefunden, dass Männer im Schnitt 440 € mehr Elterngeld pro Monat bekommen als Frauen. Väter bekamen durchschnittlich 1.140, Mütter 701 Euro. Der Grund ist, dass Männer im Berechnungszeitraum, also zwölf Monate vor der Geburt des Kindes, meist mehr verdient haben als die Frauen. Bei Tobias und mir war der Unterschied sogar noch größer. Obwohl die Männer also mehr bekommen, nehmen die Frauen die Elternzeit – weil der Familie unterm Strich mehr Geld zur Verfügung steht, wenn der Mann im Job nicht pausiert.

Gleichzeitig will ich nichts überstürzen. Die Frage, wie lange es wohl dauert, bis sich das Kind so eingerichtet hat, dass es auch ein paar Stunden am Tag ohne mich auskommt, ist wichtig für die Entscheidung, wann ich meine Arbeit wieder aufnehme. Was ist da der Richtwert? Manche Frauen gehen acht Wochen nach der Geburt wieder arbeiten, manche nie. Die meisten pendeln sich irgendwo dazwischen ein.

Mir erscheint drei Monate nach der Geburt ein guter Zeitpunkt. Das ist ausreichend für Johann, der sich mit uns beiden erst mal an die Welt gewöhnen muss, und für die Regeneration meines Körpers. Für mich hört sich das sehr großzügig an. Drei Monate ohne Arbeit hatte ich seit der Schulzeit nicht mehr. Tobias entspricht meinem Wunsch nach einer kurzen Elternzeit. Ihn beruhigt, dass ich nicht direkt wieder voll einsteigen werde, sondern erst mal nur 16 Stunden die Woche, später dann 20. Ab Johanns erstem Geburtstag möchte ich wieder Vollzeit arbeiten oder zumindest annähernd Vollzeit. Je nachdem, wie wir das mit der Tagesmutter organisiert bekommen.

Unsere Regelung sieht letztendlich so aus: Tobias wird offiziell neun Monate Elternzeit nehmen, ab Januar, wenn ich wieder arbeiten gehe. Aber so ganz zu trennen ist das nicht, auch er wird Teilzeit weiterarbeiten: Es gibt da ein paar Veröffentlichungen, die in Vorbereitung sind, noch ein paar zu betreuende und korrigierende Masterarbeiten, solche Dinge. Sachen, die zwar momentan kein Einkommen abwerfen, aber im Rahmen seiner Tätigkeit noch erfüllt werden müssen oder – wie die Veröffentlichungen – für die zukünftige Karriere sinnvoll sind.

Man kann nun einwenden: Diese Regelung ist streng genommen nicht wirklich 50/50, es hätte dann wohl jeder sieben Monate Elternzeit nehmen müssen. Aber so macht das für uns beide am meisten Sinn. Und das ist bei allem das Wichtigste. Es schafft für uns die Möglichkeit, im Alltag 50/50 zu leben. Wenn wir beide festangestellt wären, würden wir vielleicht eher klare Grenzen zwischen Arbeits- und Familienzeit ziehen und dann auch jeder sieben Monate in Elternzeit gehen.

Vor der Schwangerschaft war mir im Übrigen gar nicht bewusst, wie flexibel das Elterngeld handhabbar ist. Die meisten Paare, die ich kenne, haben sich auf eine Teilung von zwölf Monaten für sie und zwei »Vätermonate« für ihn geeinigt. Ein paar wenige haben es auch (fast) halbe/halbe geteilt: sieben Monate für beide oder acht Monate für sie, sechs für ihn. Man kann allerdings das Elterngeld auch gleichzeitig bekommen und zum Beispiel sieben Monate lang zu zweit Elternzeit nehmen. Es ist aber auch möglich, das Elterngeld etappenweise zu beantragen. Zum Beispiel immer abwechselnd zwei Monate. Und dass es möglich ist, Elterngeld zu beziehen, während man Teilzeit arbeitet, wusste ich überhaupt nicht: Ich nehme meine restlichen drei Monate Elterngeld, während ich arbeite, dazu. Alle diese verschiedenen Optionen sind im Elterngeld Plus ab Juli 2015 auch noch miteinander kombinierbar: Man kann dann etwa die ersten drei Monate gemeinsam nehmen, danach arbeitet ein Partner zwei Monate Teilzeit weiter und bezieht in der Zeit Elterngeld, während der andere ganz zu Hause bleibt, und in den letzten vier Monaten bleibt einer zu Hause und der andere arbeitet voll. Man sollte sich allerdings nicht über die genervten Blicke der zuständigen Sachbearbeiterin bei der Elterngeldstelle wundern, wenn man mit solch komplexen Rechnungen ankommt. Vor allem als Freiberuflerin.

Wir sind zufrieden mit unserer Lösung. Aber wenn ich während der Schwangerschaft anderen von meinem geplanten Wiedereinstieg erzählte, hatte ich oft den Eindruck, dass die Menschen mit meiner Entscheidung nicht so ohne Weiteres klarkamen. »Das ist ja krass früh«, sagten manche und fragten vorwurfsvoll: »Und wo bleibt dann das Kind?« Oder ich musste auf ein entsetztes: »Du willst etwa nicht stillen?« reagieren. Bilde ich es mir nur ein oder sehe ich bei dieser Frage in den Augen meiner Gegenüber das Wort »Rabenmutter« oder gar »Karrierefrau« aufblitzen? Mit dem Bild der »Karrierefrau« kann ich übrigens genauso wenig anfangen wie mit dem des Hausmütterchens. Zumindest, wenn man es nach Duden definiert:

Kar|ri|e|re|frau, die – *(oft abwertend) Frau, die ohne Rücksicht auf ihr Privatleben, ihre Familie ihren Aufstieg erkämpft [hat].* (Duden 2014)

Eine Karrierefrau ist demnach nicht nur eine Frau, der ihr Beruf wichtig ist, die ihren Job gut macht, sich engagiert und weiterbildet oder gesellschaftlichen Einfluss erlangen möchte. Nein, unsere Vorstellung von Karrierefrau ist sehr eindimensional gestrickt: Vor meinem inneren Auge – und in der Google-Bildersuche – trägt sie ein dunkelblaues Kostüm und eine weiße Bluse. Sie ist Führungskraft im gehobenen Management, vielleicht auch Politikerin. Sie arbeitet 60 Stunden in der Woche, reist viel, ist kinderlos. Ein Privatleben hat sie nicht.

Diese Frauen gibt es, und ich will sie auch nicht kritisieren, im Gegenteil: Wer ein solches Leben führen möchte, hat meinen Segen und sogar auch meine Bewunderung. Es ist wichtig, dass Frauen sich Macht aneignen, auch wenn damit nicht automatisch die Welt zu einem besseren Ort wird. Die Karrierefrau dringt in männlich dominierte Sphären vor, in denen sie sich behaupten muss. Und sie muss sich mit der permanenten gesellschaftlichen Anfeindung auseinandersetzen, weil sie es wagt, ihr Familienleben zu opfern, also das abzulehnen, von dem die Gesellschaft glaubt, was Frauen wollen. Karrieremänner hingegen werden bewundert, von ihnen wird erwartet, dass sie ihr Privatleben hintanstellen – um als treusorgender Familienvater das Geld zu verdienen. Frauen werden schräg angeschaut und – wenn sie Kinder haben – sogar beschimpft. Daran hat sich in den letzten Jahrzehnten nur wenig geändert.

Wenn man das 50/50-Prinzip nur als gerechte Aufteilung der vier Lebensbereiche Arbeit, Kind, Haushalt, Freizeit sieht, dann ist natürlich auch als Karrierepaar eine solche Aufteilung möglich. Jeder arbeitet dann eben 50 Stunden, die Kinder sind in der Ganztagsbetreuung, und der Haushalt wird vom Personal erledigt. Aber a) will ich das nicht und b) kann ich das nicht. Denn es gibt sowieso nur ziemlich wenige Menschen, egal welchen Geschlechts, die diese Art von Karriere machen. Es gehört nicht nur Wille dazu, sondern auch Netzwerke und nicht zuletzt das Glück, zur rechten Zeit am rechten Ort zu sein. Wobei das mit dem Wollen so eine Sache ist. Denn ich möchte schon Einfluss nehmen auf die Gesellschaft, deswegen gebe ich ja auch eine Zeitschrift heraus und schreibe. Außerdem möchte ich Geld verdienen. Gleichzeitig bedeutet Karriere für mich etwas anderes, als irgendwann einmal im Interview mit Foto im Wirtschaftsteil der *FAZ* abgebildet zu sein: Es heißt, mir in meinem Job in der Zeit, die mir dafür zur Verfügung steht, das Beste zu leisten, in meinen selbst definierten

Bahnen weiterzukommen. Und dabei Rücksicht auf mein Privatleben zu nehmen.

## Es ist meine Entscheidung

Viele Menschen bezweifeln, wie ernst es mir mit meiner Entscheidung ist, nach drei Monaten wieder zu arbeiten. Meinen komplizierten Wiedereinstieg mit langsamer Steigerung der Stundenzahl versteht eh niemand. »Du willst so schnell wie möglich zurück in den Job? Das hat XY auch gesagt, und dann ist sie drei Jahre zu Hause geblieben.« Den Spruch höre ich oft. Der Personalchef eines größeren Verlages mit vielen weiblichen Angestellten, den ich auf einer Party treffe, erklärt mir, es sei wie eine Lotterie: »Häufig waren es genau die ehrgeizigen Frauen, die beteuerten, so schnell wie möglich wiederzukommen, und die dann weg vom Fenster waren.« Ich würde diese Aussage gerne widerlegen, denn sie stellt meine Geschlechtsgenossinnen und Mütter als unzuverlässige Hormonopfer dar, die nicht mehr klar denken können. Doch leider gibt es keine Statistiken dazu, inwiefern Frauen nach der Geburt von ihren vorherigen Plänen abweichen.

Was die frühe Rückkehr in den Beruf angeht, bin ich tatsächlich eine Ausnahme. Die Einführung des Elterngeldes im Jahr 2007 hat dazu geführt, dass sich langsam, aber sicher eine neue Norm etabliert: die Mutter, die ein Jahr zu Hause bleibt. 2006 stiegen 33 Prozent der frischgebackenen Mütter zwölf Monate nach der Geburt wieder in den Beruf ein. 2007 waren es schon 41 Prozent. Gleichzeitig hat sich aber auch die Zahl der Frauen verringert, die kürzer Pause machen: von 17 auf 10 Prozent. Gutverdienerinnen, die der Verzicht auf das Gehalt von einer zu großen Pause abgehalten hat, bleiben nun auch vermehrt zwölf Monate lang zu Hause. In diesem Sinne hat das Elterngeld nicht dazu geführt, dass Frauen früher in den Beruf zurückkehren, sondern dass sie länger pausieren.

Es gibt aber auch Frauen, die mir Mut machen. Freundinnen und Kolleginnen. Und meine Mutter: Sie hat sechs Kinder bekommen und es immer wieder unterschiedlich gemacht. Mal war sie ein Jahr zu Hause, mal nur ein halbes, und bei meinem ältesten Bruder waren es sogar nur acht Wochen. Als Lehrerin war sie flexibel und konnte Teilzeit arbeiten, wie sie wollte, ohne Angst vor einer Kündigung. Je nach Bedarf. Perfekt für den Familienalltag und die eigenen Bedürfnisse. Kein Wunder, dass so viele Frauen in diesem Beruf arbeiten wollen. Zu Tobias und mir sagt sie: »Ihr seid ein tolles Team, ihr macht das schon.« Zuspruch kommt größtenteils von Menschen, die mich kennen.

Die Vorstellung, ein Kind würde mich so verändern, dass ich alle meine Ambitionen und Wünsche über den Haufen werfe, bereitet mir großes Unbehagen. Normalerweise ist es immer so: Wenn ich mir etwas wirklich vorgenommen habe, dann ziehe ich das auch durch. Trotzdem bin ich verunsichert. Damit ich gar nicht erst in Versuchung komme, mich zu sehr zurückzulehnen, nehme ich kurz vor der Geburt noch einen Auftrag an. Ich werde acht Wochen nach dem geplanten Entbindungstermin eine Podiumsdiskussion in Leipzig moderieren. Die Veranstalterin am Telefon ist zwar etwas überrascht, als ich ihr von der anstehenden Geburt berichte – und meinem Willen, den Auftrag trotzdem anzunehmen –, aber sie scheint mir zu vertrauen. Für mich fühlt es sich an, als ob ich gerade einem Fallschirmsprung zugesagt hätte. Ich bin wahnsinnig aufgeregt, ob ich das schaffe.

Oder meine Freundin Amy aus den USA. Mit ihr spreche ich regelmäßig, seit ich als Austauschschülerin vor vielen Jahren in ihrer Familie gelebt habe. In den USA ist die Mutterschaftspause mit durchschnittlich sechs Wochen nur sehr kurz, es gibt keinerlei gesetzliche Regelungen zum Mutterschutz, geschweige denn zur Gehaltsfortzahlung. Man arbeitet normalerweise bis zur Entbindung und bleibt dann so lange daheim, wie man es sich eben leisten kann. Hört sich für mich genauso unvorstellbar an wie für Amy die Tatsache, dass Frauen hierzulande Elterngeld bekommen: »Ihr kriegt Geld fürs Nichtarbeiten? Ihr seid verrückt, ihr Deutschen.«

Amy beneidet meine Situation, das ist verständlich. Sie erzählt mir, dass in ihrer Firma Mitarbeiter Urlaubstage an schwangere Frauen spenden, damit diese nach der Geburt länger pausieren können. Dabei haben sie selbst gerade mal 14 Tage Jahresurlaub. Amys Arbeitgeber erlaubt Frauen nur eine Pause von drei Wochen nach der Geburt – natürlich ohne finanziellen Ausgleich. Wer länger wegbleibt, riskiert den Arbeitsplatz. Sie selbst hat jeweils vier Wochen nach der Geburt ihrer beiden Kinder wieder angefangen und ein Kindermädchen engagiert. Sie sagt: »Das klappt alles – wenn man organisiert ist und genügend Geld für Personal hat. Aber es ist anstrengend. Und natürlich vermisst man die Kleinen.«

Als wir über die größeren Zusammenhänge sprechen, ist sie nicht mehr so neidisch: Elterngeld und Elternzeit sind mit dem gesellschaftlichen Druck, zu Hause zu bleiben, verbunden, und die Geburt der Kinder stellt für viele Frauen einen nicht mehr einholbaren Karriereknick dar. Alles hat eben zwei Seiten. Und ich bin dann ein bisschen froh, mein Kind hier zu bekommen und dass es nicht nur vom Geld abhängt, wie lange ich zu Hause bleiben kann – selbst wenn es dumme Sprüche hagelt.

### Der große Auftritt

Der große Tag der Podiumsdiskussion ist da. So gut vorbereitet war ich noch nie. Die Vorbereitung zu der Diskussionsrunde habe ich spielend erledigt, während der Kleine schlief. In den ersten

Wochen schlafen Säuglinge ungefähr 17 bis 18 Stunden am Tag, später dann ja nicht mehr. Dass ich wieder denken muss, ist eine willkommene Abwechslung zu den eher körperlichen Anstrengungen der Geburt und des Stillens.

Die Veranstaltung findet abends statt. Tobias hat sich freigenommen und begleitet mich nach Leipzig, eine Stunde mit dem ICE von Berlin entfernt. Die Veranstalterin hat uns ein Hotelzimmer gebucht, direkt neben dem Veranstaltungsort. Ich stille den Kleinen, übergebe dann an Tobi und setze mich auf die Bühne. Die Diskussion verläuft ganz nach Plan, auch das Publikum beteiligt sich eifrig. Halbwegs pünktlich ist es zu Ende: Tobias reicht mir Johann, der gleich darauf trinken muss. Danach gibt es noch ein Glas Sekt, und wir fallen müde ins Bett. Mutprobe bestanden – ein voller Erfolg. Ich komme mir vor wie eine Heldin, aber irgendwie auch bescheuert. Muss ich mich selbst beklatschen, nur weil ich bewiesen habe, dass auch stillende Frauen noch was im Kopf haben? Sollte das nicht eine Selbstverständlichkeit sein?

Sechs Wochen später habe ich meinen ersten richtigen Arbeitstag. Der Übergang ins Büro fällt mir nicht ganz so leicht wie der vergleichsweise kurze Ausflug nach Leipzig: Ich bin unkonzentriert, der Schlafmangel zehrt an meinen Nerven. Das scheint zum Glück nicht weiter aufzufallen. Dass Tobias mir den Kleinen ins Büro bringen muss, weil der die Flasche nicht will, bereitet mir ein schlechtes Gewissen, und ich komme ins Grübeln. Lohnt sich der logistische Aufwand, nur weil ich wieder arbeiten will? Bin ich nicht doch vielleicht ein ganz kleines bisschen Rabenmutter mit meinem Egoismus? Nein, denke ich mir. Viele junge Väter gehen ganz selbstverständlich zwei Tage nach der Geburt wieder arbeiten.

Nach ein paar Tagen entdecke ich den alles entscheidenden Vorzug des Büroalltags: himmlische Ruhe. Natürlich klingelt ab und zu das Telefon, klopfen die Kolleginnen an, wartet der übervolle Posteingang meines Mailaccounts. Aber alles in allem ist das hier eine absolute Wellnessoase: keine fremden Bedürfnisse, deren Befriedigung innerhalb von fünf Minuten nach Anmeldung erfolgen muss. Kein Geschrei. Kein Hin und Her – und keine Absprachen mit Tobias: Wann hast du gestillt/gewickelt? Wann hat das Kind geschlafen? Davon habe ich ab sofort vier Stunden lang täglich meine Ruhe. Herrlich!

Auch mit einer anderen Sache habe ich Glück: Alle sind irre verständnisvoll. Meine Kolleginnen haben zum Teil selbst Kinder, es herrscht eine elternfreundliche Atmosphäre. Wichtig ist für mich auch, dass kaum jemand meine Entscheidung infrage stellt. Auf das tägliche Stillen reagieren meine Kolleginnen erfreut: Der Papa-/Babybesuch wird mit großem Hallo und glänzenden Augen begrüßt.

Lediglich eine PR-Frau, die ich flüchtig kenne, stellt am Telefon die böse W-Frage: »Was? Du bist schon wieder da? Wo ist denn dein Kind?« Die Irritation ist ihr anzumerken. Meine Antwort – »Beim Vater« – wird mit einem seufzenden »Dann ist ja gut« abgesegnet. Na, immerhin scheint das o.k. zu sein. Trotzdem: Es klingt so durch, als ob ich ein Verbrechen begehen würde, würde ich das Kind von einem Erzieher betreuen lassen. Dabei finden Tobias und ich die Betreuung durch andere total gut, und sie ist in unserem Arrangement vorgesehen, ab dem ersten Lebensjahr haben wir eine Tagesmutter engagiert. Ich ärgere mich sehr über die PR-Kollegin.

Meine Freundin Amina hat da eine ganz andere Geschichte zu erzählen. Bevor sie in dem brandenburgischen Kunstverein anfing, leitete sie die Kunstsammlung eines großen deutschen Unternehmens. Und die waren ziemlich skeptisch, ob ihr das als Mutter noch gelingen würde. Vor allem gegen eine temporäre Teilzeitarbeit wehrte sich ihr Chef. Leitungsposition mit Ein-schränkungen? Unmöglich. Auch nicht für die begrenzte Dauer von einem Jahr, wie Amina es vorgeschlagen hatte. Die Schwan-gerschaft und der drohende Ausfall ihrer Arbeitskraft hatten sogar bereits Auswirkungen auf ihre Arbeitszeit vor der Geburt: Ein Er-satz für ihre Position war schnell gefunden. Ein junger Unterge-bener – er hätte natürlich auch eine junge, kinderlose Frau sein können – wurde ihr Nachfolger. Fortan saß Amina im Büro die letzten Wochen ab, spielte Solitaire und las Zeitschriften. Erst zwei Jahre nach der freiwillig-unfreiwilligen Kündigung bekam sie ihre Stelle im Kunstverein: halbtags, schlecht bezahlt – und trotzdem Glück gehabt, weil sie ihr die Freiheit ermöglicht, Kind und Beruf zu kombinieren.

Es ist diese sehr weit verbreitete Vollzeit-Arbeitskultur, die Frauen den Wiedereinstieg in den Job erschwert. Und damit auch das 50/50-Prinzip. Teilzeitarbeit und Homeoffice sind für viele Arbeitgeber verpönt – völlig zu Unrecht. Nur wer ganztags anwe-send ist, am besten bis in die Abendstunden, wird als vollwerti-ger Arbeitnehmer betrachtet. Für Amina ist es jedoch wichtiger, ein Familienmodell zu leben, das ihren Vorstellungen entspricht, als den Job zu behalten. Die wirtschaftlichen Nachteile nimmt sie in Kauf. Das ist konsequent und wirklich mutig. Tobias und ich arbeiten bereits in Berufsfeldern mit maximaler Flexibilität und mussten eine solche Entscheidung glücklicherweise nicht treffen. Was an anderer Stelle ein Nachteil sein kann – ich bin etwa ziem-lich schlecht finanziell abgesichert –, ist im Moment von Vorteil. Nicht zuletzt deswegen ist meine Rückkehr in den Beruf doch recht komplikationslos geglückt.

# 50/50 statt 90/60/90.

*Tobias*

Ein Samstagabend im Advent. In einem Lokal, das wir mit der Fußball-Tippgemeinschaft angemietet haben, feiern wir unsere alljährliche Weihnachtsfeier. Schon am Nachmittag waren wir bei Schneeregen draußen kicken, danach wurde zusammen Sportschau gekuckt. Alle haben schon gut getankt. Viele aus dem Freundeskreis der Tippliga wohnen nicht mehr in Berlin und reisen – wenn es Job und Familie zulassen – extra an. Es ist immer ein großes Hallo, und alle genießen unser Treffen, denn es ist der einzige Termin im Jahr, an dem sich alle 20 zusammenfinden. Früher haben wir natürlich auch regelmäßig Fußball *gespielt*, seit ein paar Jahren tippen wir aber nur noch, weil an einem normalen Wochenende zum Kicken höchstens fünf Leute auftauchen würden. Auf unserer Weihnachtsfeier erzählen wir von unseren Erlebnissen des letzten Jahres und – je später der Abend wird – schwelgen in Erinnerungen. Ach ja, Fußball ist natürlich auch ein Thema.

Die meisten meiner Fußballfreunde sind mit Mitte 30 inzwischen fest ins Korsett von Job und Familie eingeschnürt. Nur Freddy studiert noch und fühlt sich sichtlich unwohl in seiner Rolle als ungesettelter Junggeselle. Um sich herum hört er nämlich ziemlich viel »mein Haus, mein Auto, mein Boot«-Gerede. Obwohl ich selbst seit zehn Jahren berufstätig bin, fühle ich mich ihm verbunden und zwar deswegen, weil ich als Vater in einem

50/50-Modell hier ebenfalls ein Außenseiter bin. Meinen Kumpels ist das keineswegs zum Vorwurf zu machen. Es fällt mir trotzdem auf, dass die meisten der hier vereinten Familienentwürfe recht traditionell sind, mit einem Papa in der Ernährerrolle und der Mama entweder zu Hause oder in einer Teilzeittätigkeit. Stefanies und mein Modell unterscheidet sich da schon deutlich. Natürlich kommt das Thema zur Sprache.

Irgendwann zu fortgeschrittener Stunde fragt Gregor, der inzwischen leitend bei einem Pharmariesen tätig ist, wie wir das denn so machen mit unserer Aufteilung. Beziehungsweise kommt er gleich zur Sache: »Was macht ihr denn so anders als wir?«

»Na ja«, fange ich an, »wir haben uns halt vorgenommen, dass wir beide uns gleich viel um das Kind kümmern, gleich viel im Haushalt machen und langfristig auch ungefähr gleich viel arbeiten und verdienen wollen. Das ist die Formel, und nach der richtet sich bei uns alles.«

»Eigentlich eine coole Idee«, antwortet Gregor nach einer kurzen Pause, »so mit der Verantwortung für alles auf euch beide verteilt. Bleibt für dich auch mehr Zeit für das Kind wahrscheinlich. Für mich ist das nur leider nicht drin.« Pause. »Und du nimmst dir jetzt Elternzeit? Wie lange, zwei Monate?«

»Ja«, antworte ich, »aber nicht zwei, sondern neun Monate. Am ersten Januar geht's los.«

»Krass«, schaltet sich neben mir Lukas ein, »neun Monate! Wo fahrt ihr hin?«

»Nirgends. Stefanie geht arbeiten, wenn ich mit der Elternzeit anfange. 16 Stunden am Anfang, später dann mehr. Ziel ist wie gesagt, alles halbe, halbe zu teilen, auch wenn wir das natürlich nie genau in der Balance halten werden.« Das war's dann mit dem konstruktiven Gespräch, inzwischen hören ein paar mehr Leute zu, und natürlich hat jeder auch seine ganz eigene Meinung dazu. »Echt? Mit Listen für alles!«, »Wirst du jetzt Hausmann, oder was?«, »Ich bin Beschützer und Ernährer meiner Familie!«, ruft der mittlerweile schon recht betrunkene Lukas, lehnt sich zurück und wischt sich den Bierschaum vom Mund, »und lieber als 50/50 ist mir eh 90/60/90!« Gelächter. Game over.

Mist. Mit Gregor lief das Gespräch ja noch ganz vernünftig ab, aber sobald sich mehrere Jungs einmischen, stehe ich irgendwie auf verlorenem Posten. »Ach, hau doch ab«, blaffe ich Lukas halb ernst, halb im Spaß an und lache laut. Alle lachen mit und prosten sich zu. Schnell noch einen lustigen Spruch hinterher, damit wir das Thema wechseln können, denn ich muss die irritierende Situation ja wieder zurück in die Normalität überführen. Wie komme ich nur drauf, meine »abweichende Lebensweise« in einer so feuchtfröhlichen Runde zur Debatte zu stellen? Aber ich bin ja gefragt worden, also musste ich auch antworten. Und so ist das halt, ich nehme das niemandem krumm.

In der Woche nach der Feier treffe ich Lukas im Biomarkt zwischen Tee und fair gehandeltem Kaffee wieder. Wir mögen uns nämlich eigentlich ziemlich gern, haben mal ein halbes Jahr in derselben WG gewohnt. Er kommt quasi schon mit der Entschuldigung auf den Lippen auf mich zu. »Ey sorry, Tobi, war natürlich mies letzte Woche. 90/60/90, so ein Bullshit, aber ich konnte mich nicht zurückhalten. Elisabeth und ich haben sogar lange über das Arbeitsteilungsdings gesprochen die Tage. Die ist nur leider nicht besonders ambitioniert, was ihre eigene Karriere angeht. Und bei mir läuft's alles wie geschmiert, was soll ich da groß machen?«

Da habe ich wohl einen wunden Punkt getroffen. »Schon gut«, sage ich, »das kann ich schon ab. Ich fand's ja auch lustig.«

Lukas ist jetzt in Redelaune. Er und seine Frau Elisabeth, die selbst in wenigen Wochen ein Kind erwartet, haben sich nämlich

für den, wie Lukas selbst sagt, »Weg des geringsten Widerstands«
entschieden. Sie bleibt ein Jahr oder länger zu Hause, mal sehen,
und er hängt sich in der Kanzlei voll rein, nimmt aber auch zwei
oder drei Monate Elternzeit, damit die Familie im Sommer nach
Frankreich fahren kann.

Für jemanden wie Lukas wird der Spagat zwischen aktiver Vaterschaft und der Ernährerrolle schwierig, stelle ich mir vor. Er
ist bestimmt super mit Kindern und will eben auch beides haben. Gleichberechtigung ist für ihn eine Selbstverständlichkeit.
Als Jurist arbeitet er in einem Bereich, in dem er ebenso viele
und gut qualifizierte Kolleginnen hat wie Kollegen. Während der
Schwangerschaft seiner Frau, erzählt er mir, ist dann aber auch
sein Selbstbild als Familienernährer erst so richtig gereift. Mit
dem Problem ist er jedoch nicht allein. Wie eine Studie zur Rolle
des Vaters in der Familie aus dem Jahr 2002 zeigt, ist der Wider-
spruch zwischen dem eigenen Selbstbild und real gelebter Vaterschaft gerade bei den Männern am größten, die Gleichberechtigung als hohen Wert sehen.

### Männer unter sich

Die Situation auf der Weihnachtsfeier beschäftigt mich noch lange, erst recht nach der Begegnung mit Lukas. Mir geht die Frage
nicht aus dem Kopf, wieso ich wohl mit jedem Einzelnen dort
vernünftig und offen über das Thema hätte sprechen können, es
aber an dem Abend total peinlich war, in der Gruppe zu diskutieren. Was war passiert? Der Männlichkeitsforscher Michael Meuser verwendet einen Begriff, der dieses Phänomen sehr gut erklärt. Meuser begreift Gruppen wie meine Tippgemeinschaft als
eine »homosoziale Männergemeinschaft«. Was ist damit gemeint?
Meuser beschreibt damit einfach, dass sich Männer regelmäßig

in Strukturen zusammenfinden, in denen sie unter sich sind und deshalb auch besonders gut »sie selbst« sein können. Also Vereine und Clubs aller Art, insbesondere natürlich in der Welt des Fußballs. Diese Gemeinschaften sind für viele Männer ein Ort der Zuflucht, so Meuser. Sie bieten ein entspanntes Klima und stellen »verminderte Anforderungen an die Selbstbeherrschung«. Das heißt: Hier darf man sein und reden, wie man will, das Zusammensein ist frei von den Ambivalenzen des Alltags und den Spannungen zwischen den Geschlechtern zu Hause oder am Arbeitsplatz. Den meisten Männern fallen sicherlich einige gute Beispiele für solche Gemeinschaften ein, und persönlich kann ich sagen, dass lange Zeit ein beträchtlicher Teil meiner Freizeit in derartigen Gruppen stattfand.

Bedingung für die homosoziale Männergemeinschaft ist natürlich die Abwesenheit von Frauen. Diese Tatsache wird in der Gemeinschaft selbst freilich ebenso wenig thematisiert wie Männlichkeit an sich. Trotzdem ist sie eine grundlegende Voraussetzung. Zur Bestätigung und Selbstvergewisserung einer »männlichen« Normalität gehört in diesen Gruppen auch der Wettbewerb, wenngleich ein spielerischer. In anderen Worten: Diese Form des Miteinanders dient nicht nur der Abgrenzung von allem »Weiblichen«, sondern auch der Herstellung einer Rangordnung unter den Männern, so unterschwellig sie auch sein mag. Ganz klar spielt es eine Rolle, wie cool, unabhängig oder erfolgreich jemand ist. Coolness, Autonomie und Selbstbewusstsein seien die obersten Werte männlicher Peergroups, heißt es im 2013 erschienenen Bericht »Jungen und ihre Lebenswelten« des Bundesfamilienministeriums. Ohne große Einschränkungen darf dies auch für Männer mittleren Alters behauptet werden. Zeigt jedenfalls meine persönliche Erfahrung.

Mein Problem auf der Weihnachtsfeier war also, dass ich mit

meiner Ansage zu unserem 50/50-Modell habe durchblicken lassen, dass ich bei dem Wettbewerb um Status und Prestige, der in der Gruppe ganz klar stattfindet, so nicht mitmache. Weder für die anderen noch für mich ist es leicht, mit einer Absage an die klassische Ernährerrolle, die dort fast jeder automatisch einnimmt, umzugehen. Ich störe quasi die unausgesprochenen Regeln der Gemeinschaft. Im persönlichen Gespräch mag jedem egal sein, wie mein Lebensentwurf aussieht, da gibt es sogar Zuspruch. In der Gruppe aber bin ich sofort das Weichei.

Das ist wirklich eine blöde Logik, aber es ist offensichtlich: Status durch Beruf, viel Arbeit und gute Bezahlung ist Männern immer noch wichtiger als Gleichberechtigung oder eine aktive Vaterrolle. Es können noch so viele Umfragen ergeben, dass den meisten Männern heutzutage ihre Familie mehr bedeutet als die Arbeit. Immer noch bestimmt Letztere den Alltag und hat Priorität. Bei der ganzen Diskussion darf ja zum Beispiel nicht vergessen werden, dass ich trotz allem Vollzeit arbeite! Nur halt genau 39 Stunden und keine mehr, und den Blick nicht so nach oben auf die Karriereleiter geheftet. Das Problem mit den homosozialen Männergemeinschaften ist ja nicht, dass es sie gibt. Sonst müsste man ja auf Freundeskreise oder viele Freizeitaktivitäten ganz verzichten, und das verlangt niemand. Schwierig wird es jedoch, weil solche Gemeinschaften *in der Arbeitswelt* heute noch dominant sind und durch ihre Codes Personen oder ganze Gruppen ausschließen. Frauen kennen das Problem seit Jahrzehnten als dasjenige der »gläsernen Decke«, durch die sie sehen können, aber nicht durchgelassen werden. Und auch manche Männer machen die Erfahrung, dass, wenn sie nicht »mitspielen«, sie keine Chance auf ein Weiterkommen an einem bestimmten Arbeitsplatz haben. Glücklicherweise betrifft dies nicht mehr so viele Bereiche wie früher, und Unternehmen wollen solche Mechanismen verhindern. So einen Wandel kann man sich jedoch nicht eben mal verordnen. Für viele gilt: Erst wenn man abweicht, stellt man fest, wie starr die Normen in den meisten Fällen noch sind.

### Anleitung zum Männlichsein

Zurück zur Weihnachtsfeier. Die ist in gewisser Weise auch ein Hoffnungsschimmer. Abgesehen von Lukas, den ich erst im Supermarkt wieder spreche, habe ich auf der Feier nämlich doch noch eine ganze Reihe guter Gespräche geführt. Und das trotz Alkoholpegel. Was ich da versuchte klarzumachen, ist, dass viele Väter einfach nicht geübt darin sind, über ihre Vaterrolle und übers Vatersein zu sprechen. Natürlich ist die Familie ein großes Thema unter den Jungs. Aber über die damit entstehenden Gefühle und Bedürfnisse kann man sich nicht so einfach austauschen. Das liegt allein schon daran, dass sich manche Wörter aus dem Mund von Männern einfach seltsam anhören.

Zum Beispiel Fürsorge. Es klingt, von einem Mann ausgesprochen, doch irgendwie komisch, oder? Klar, jeder wünscht sich einen fürsorglichen Vater. Aber zu sagen: »Ich bin ein fürsorglicher Vater«, das kriegen viele Männer einfach nicht hin. Es passt nicht zu ihrem unabhängigen Selbstbild. Fürsorge richtet sich immer auf andere Personen, bedeutet für sie also so was wie nicht unabhängig und stark zu sein. Sondern weich, sozial. »Weiblich« eben. Dabei kenne ich fürsorgliche Männer, die gleichzeitig die totalen Macker, Draufgänger oder Einzelgänger sind. Und doch sind sie als Väter zugewandt, genießen ihre eigene kleine Welt mit ihrem Kind/ihren Kindern. Weil sie sich als Bezugsperson im Leben ihrer Kinder starkgemacht haben. Weder diese Väter noch diejenigen in traditionellen Entwürfen aber würden sich selbst als fürsorglich bezeichnen. Einfach deshalb, weil es unter Männern diese Anlässe nicht gibt, zu denen man den Begriff auf sich selbst anwenden würde. Gäbe es diese Gespräche, würde man sich – das vermute ich zumindest – von Kategorien wie Weichei, Versteher oder vereinfachenden Vorstellungen von Männlichkeit, mit denen es sich Männer selbst schwer machen, verabschieden können. Sie würden sich nämlich als leere Stereotype entpuppen.

Was mich freut, ist, dass mir auf der Feier zwei Leute sagen, meine beziehungsweise unsere gemeinsame Entscheidung sei mutig. Ich sehe das nämlich auch so. Denn bin ich etwa weniger mutig, weil ich mich auf einen bestimmten Wettbewerb unter Männern nicht einlasse, in dem es vor allem um Status und Gehalt geht? Nein. Ist es im Gegensatz dazu nicht sogar etwas feige, wenn sich jemand mit Schulterzucken auf die Zwänge des Jobs und die Notwendigkeit, ja das Geld verdienen zu müssen, rausredet? Na? Ich würde gerne laut »Ja!« rufen, aber das wäre blöd. Natürlich ist es nicht feige. Es ist eben nur nicht der einzige Weg.

Und das ist doch schon mal ein guter Anfang. Die Gewissheit, die ich aus der Erfahrung der Weihnachtsfeier, aus den Gesprächen mit Lukas und den anderen mitnehme, ist, dass die jungen Männer und Väter heute schon ein großes Stück weiter sind, als sie es selbst manchmal glauben mögen. Dass sie ihre Rolle als Vater längst nicht mehr so unhinterfragt annehmen wie die Generation ihrer eigenen Väter. Und dass Gleichberechtigung für sie sehr wohl einen wichtigen Wert darstellt. Unsere Tippgemeinschaft ist ja nicht sinnstiftend für den Alltag meiner Freunde. Sie ist nur ein wohltuendes, warmes Becken, in das man sich zurückziehen kann, um Energie zu tanken. Oder Bier.

**Ist es wirklich die Hölle?**

Es lässt sich nichts daran ändern: Männer sollen heute alles Mögliche sein, sie kämpfen mit den vielseitigen an sie gerichteten Erwartungen. Das Problem ist, dass sich die Modernisierung der Geschlechterrollen in den letzten Jahrzehnten mit sehr verschiedenen Geschwindigkeiten abgespielt hat. Männer waren langsamer als Frauen, sind jetzt in Zugzwang und stoßen auf Widerstände, die sie entweder nicht erwartet haben oder die sich als besonders hartnäckig erweisen. Sie wollen sich anpassen, haben aber Probleme, erlernte Denkweisen abzulegen. Wie frustrierend das sein kann, zeigt sich am Beispiel von Lukas. Im Prinzip ist er gewillt, sein Engagement in der Familie zu erhöhen und seinen Teil zu leisten. Studien bestätigen eine generelle stabile Zunahme dieser Einstellung. Da Lukas aber gleichzeitig nicht bereit ist, im Hinblick auf die Berufsrolle die notwendigen Konsequenzen zu ziehen und Abstriche zu machen, sind Konflikte und innere Widersprüche vorprogrammiert. Es käme auch der Quadratur des Kreises gleich, wenn er wie bisher 50 Stunden arbeiten und es trotzdem schaffen würde, einen beträchtlichen Teil der Familienarbeit zu leisten.

Diese Erfahrung der inneren Zerrissenheit machen momentan einige Männer. Die Journalisten Marc Brost und Heinrich Wefing von der *ZEIT* haben im Januar 2014 mit einem zumindest im Netz viel beachteten Artikel darauf hingewiesen, dass die Vereinbarkeit von Familienleben und Beruf eine Lüge sei, deshalb fordern sie mehr Ehrlichkeit. Man solle, so die beiden Autoren, das Vereinbarkeitsproblem bitte nicht verklären. Mit gutem Willen sei es nicht getan, das sehe man an den völlig gestressten und erschöpften berufstätigen Paaren, die genau dies versuchen. Denn Alltag sei geprägt von einem chronischen Zeitmangel, niemand klopft einem für diese Anstrengungen auf die Schulter, ein Gefühl der Zufriedenheit durch das, was man da macht, will sich einfach nicht einstellen. Ich kann den beiden Autoren nur recht geben, was ihre Beschreibung des Alltags angeht. Der ganz normale Wahnsinn, den jede Familie kennt, bietet ja auch mehr als genug Anekdoten, die klarmachen, wie wenig erholsam und wie schlaflos dieses Leben mit Kind sein kann.

Was der Artikel unterschlägt, ist die Tatsache, dass arbeitende Frauen dieses Problem schon seit Jahrzehnten kennen. Es gibt zwar inzwischen besonders in deutschen Großstädten Milieus, in denen die gleichberechtigte Arbeitsteilung bei jungen Familien zur Selbstverständlichkeit geworden ist. Man darf deswegen aber nicht erwarten, dass es nur, weil es immer mehr Leute so machen, insgesamt sofort leichter wird. Leider sind Brost und Wefing Fatalisten, wenn es darum geht, gesellschaftliche Lösungen für dieses Vereinbarkeitsproblem zu finden. Politik und Wirtschaft wird der Wille abgesprochen, in Deutschland einen entsprechenden kulturellen Wandel hervorzurufen. Dabei haben doch gerade Maßnahmen wie das Elterngeld bei vielen Männern ein Umdenken, wenn nicht sogar einen Sinneswandel in Bezug auf das Dasein für die Familie bewirkt.

Aktive Väter dürfen nicht ungeduldig sein. Sie sind Teil eines gesellschaftlichen Wandels, der sich nicht mehr aufhalten lässt, auch wenn er sich nur sehr langsam vollzieht. Das ist frustrierend, klar. Unter den Männern und Vätern aber, die das Abenteuer des wirklich gleichberechtigten Elternseins auf sich nehmen, wird sicher niemand als Weichei wahrgenommen werden, weil jeder weiß, was es dazu braucht. Stefanie weiß es sowieso, und das reicht mir erst mal.

# Geht das nur, wenn man reich und studiert ist?

*Stefanie*

Als ich zum ersten Mal auf *ZEIT Online* über unser 50/50-Modell geschrieben habe, war einer der häufigsten Einwände von Kommentatoren der Kolumne, dass wir ja nur so leben können würden, weil wir studiert seien. Ich, als Frau mit einem interessanten Job und einem gut verdienenden Mann, würde ja arbeiten WOLLEN, während viele andere Frauen – ohne interessanten Job und gut verdienenden Mann – eben arbeiten MÜSSEN. Wo sie eigentlich lieber als Hausfrau zu Hause bleiben würden. Diese Annahme ist weit verbreitet, aber zu kurz gedacht.

Klar, der Alltag der meisten Menschen ist schlicht vom Geld bestimmt. Wir müssen es verdienen und ausgeben. Und natürlich reicht es nie. Nur den wenigsten Menschen ist es vergönnt, so viel Geld auf der hohen Kante zu haben, dass sie sich jeden Wunsch erfüllen können. Doch das Gefühl, dass das Geld nicht reicht, kennen die meisten, egal ob 50/50 oder traditionelles Familienmodell. Natürlich geht es Tobias und mir gut im Vergleich zur auch in Deutschland wachsenden Zahl an Menschen, die am Rande der Armutsgrenze leben. Die haben es jeden Tag schwer – und zwar unabhängig davon, für welches Familienmodell sie sich entschieden haben. Aber darum soll es hier nicht gehen.

Unser nicht so hohes Einkommen hat uns im Grunde davor bewahrt, in ein traditionelles Rollenkonzept mit Alleinverdiener zu rutschen. Wir glauben nämlich daran, dass wir langfristig finanziell davon profitieren werden, wenn wir beide eine Art »mittlerer« Karriere anstreben, die eine flexible Vollzeitarbeit ermöglicht.

Anders als ein Großteil der Kommentatoren meiner Kolumne denke ich, dass für viele Besserverdienende ein 50/50-Modell sogar schwieriger umzusetzen ist. Meistens gibt es ja pro Familie sowieso nur einen Besserverdienenden, im Regelfall den Mann. Der ist dann zum Beispiel irgendwo Manager oder Abteilungsleiter und arbeitet seine 60 bis 70 Stunden pro Woche. Wenn er eine Familie haben will, dann braucht er zu Hause eine Frau, die Privatleben, Kinder und Haushalt im Griff hat. Weil er einfach nicht da ist unter der Woche. Ironischerweise hat er so selbst kaum etwas von seiner Familie.

In unserem Alter, also mit Anfang, Mitte 30, zeichnet sich die Karriere allerdings oft gerade erst ab. Die Diskrepanz zwischen den Gehältern ist noch nicht groß. Aber oft steht ein Partner ein bisschen besser im Berufsleben, und ist es der Mann, der seine Karriere verfolgt, auch wenn er noch nicht viel verdient und das Geld geradeso reicht. Irgendwann wird er dann aber mal derjenige sein, von dessen Gehalt alles abhängt.

Wer von Anfang an auf ein Doppelverdiener-Modell setzt, bei dem sieht es ein bisschen anders aus. Eine wirklich sehr nette Top-Managerin mit vier Kindern erklärte mir aber mal, dass sie und ihr Mann – ebenfalls in einer Führungsposition – auch ein Beispiel für das 50/50-Modell seien. Das Paar greift auf Hausangestellte und Kinderbetreuung zurück, damit beide Partner ihren Job komplett ausfüllen können, nur halt mit 60 bis 70 Stunden in der Woche. Den Rest der Kinderbetreuung und der Hausarbeit verteilen sie gleichmäßig. Ja, sie hat recht, das ist durchaus 50/50. Nur für die Familie bleibt in diesem Modell für meinen Geschmack zu wenig Zeit übrig.

Man sollte 50/50 aber nicht allein am »gerne arbeiten« festmachen. Arbeit kann doch für jeden Menschen eine gute Erfahrung sein – nicht nur für Akademiker und Top-Manager. Die Voraussetzung dafür ist, dass die Arbeitsbedingungen stimmen. In unserer Gesellschaft bringt Arbeit ja nicht nur finanziellen Verdienst: Im besten Fall erfahren wir dort Anerkennung und pflegen Kontakte und sogar Freundschaften. Arbeit strukturiert unseren Alltag und ist Teil unserer Identität. Wenn die Arbeitsbedingungen schlecht sind – die Bezahlung mies, die Chefs Choleriker, die Belastung zu groß, die Kollegen unfreundlich –, dann wird die Arbeit zur Qual. Das gilt quer durch alle Berufe – egal ob man dafür studiert oder eine Ausbildung gemacht hat. Ob man gerne arbeitet oder nicht, ist also von so vielen Faktoren abhängig – und nicht davon, welches Geschlecht und ob man Kinder hat. Dass man entweder arbeiten will oder arbeiten muss, nimmt einem die Entscheidung pro oder kontra 50/50 nicht ab. Außerdem werden Akademiker statistisch gesehen nicht »lieber arbeiten« als anders Qualifizierte.

### 50/50 aus Versehen

Oft erzwingt die reine Notwendigkeit 50/50-Lösungen. Wenn ich etwa in meine eigene Familiengeschichte schaue, dann waren meine Großeltern gar nicht so weit weg von diesem Prinzip. Freilich unfreiwillig und ohne das so zu nennen. Mein Großvater mütterlicherseits war Bergmann im Ruhrgebiet, und meine Oma hat in der Sparkasse als angestellte Putzfrau sozialversichert gearbeitet. Das gab es damals, da wurden diese Stellen noch nicht an Dienstleister und Personalvermittlungen ausgelagert. Beide stammen aus dem Osten, er aus Schlesien und sie aus der heutigen Ukraine. Nach dem Krieg sind sie ins Ruhrgebiet gegangen, dahin, wo es Arbeit gab. Sie haben viel und hart gearbeitet, und zusätzlich haben sie ein Kind und teilweise noch ein Enkelkind – mich – mit großgezogen. Viel Geld hatten sie trotzdem nicht – meiner Großmutter blieb nichts anderes übrig, als zu arbeiten. Sie wäre tatsächlich gerne Hausfrau gewesen. Aber weil das keine Option war, hat sie gearbeitet, ohne sich zu beschweren.

Ihre Lieblingszeitschrift war der *Ratgeber für Haus und Familie*, ein monatlich erscheinendes Heft, das sich der guten Haushaltsführung widmete und die dazugehörige Moral der Zeit festschrieb. Noch 1969 war man in der Redaktion der Meinung, dass die Ehe nicht den Zweck hat, zwei Menschen Freude und Zufriedenheit zu verschaffen, sondern der Arterhaltung dient (!) sowie der Weiterentwicklung der Persönlichkeit des Mannes. Dazu gehörten Tipps wie: »Bewundere die Fähigkeiten deines Mannes. Gib ihm recht, obwohl du etwas anderes denkst, verwöhne ihn oder zeige Verständnis.« Hier offenbart sich, was man vor nicht mal fünfzig Jahren unter einer gelungenen Beziehung verstand: »Dein Mann darf dir gegenüber kein schlechtes Gewissen haben, das er mit sich herumträgt. Das würde dir eine Überlegenheit verschaffen, die kein Mann auf Dauer ertragen könnte.« Früher wurde also nicht nur erwartet, dass Frauen ihr gesamtes Tun auf den (Ehe-)Mann ausrichten. Sie sollten ihrem Partner sogar Unterlegenheit vorspielen, damit dieser allen Grund hat, sich männlich zu fühlen. Mit einer Beziehung auf Augenhöhe, wie wir sie uns heute vorstellen, hat das nicht viel zu tun.

Trotz der damals vorherrschenden Ideologie der untergeordneten Frau empfinde ich die Ehe meiner Großeltern aus heutiger Sicht als geradezu modern. Meine Oma war nämlich nicht untergeordnet. Und mein Opa durchaus im Haushalt aktiv. Er war nicht der Mann, der mit dem Bier vor dem Fernsehen saß und sich die Puschen hat bringen lassen. Oder der – wie im Witzebuch aus den 1950ern – mit roter Nase und Luftballons in der Hand aus der Kneipe nach Hause kommt, wo die Ehefrau mit dem Nudelholz hinter der Tür wartet. Ich erinnere mich, wie er das Bad geputzt hat und einkaufen gegangen ist. Er hat das Geschirr abgetrocknet (Oma war für das Spülen zuständig), den Kuchenteig gerührt und das Gemüse geschnitten. Und noch viel mehr. Als er in Rente war, hat er den Führerschein gemacht und einen VW-Käfer gekauft – nur um mich herumzukutschieren. Zum Kindergarten, zur Schule, zum Klavierunterricht. Er hat mir jeden Tag Bücher vorgelesen, hat mit mir die Schwäne im Dorfteich gefüttert und mir das Fahrradfahren beigebracht.

Diese Art des unabsichtlichen 50/50-Modells ist auch heute überhaupt nicht selten. Eine Querschnittsanalyse zahlreicher US-amerikanischer Studien zur Aufteilung von Kinderbetreuung hat ergeben, dass diese in Arbeiterfamilien oft gleichmäßiger zwischen den Partnern verteilt wird als in Familien der Mittelschicht, wo man es sich leisten kann, dass die Frau zu Hause bleibt oder nur ein paar Stunden arbeitet. Eine Studie bringt das Beispiel eines Medizintechnikers, der in der Notaufnahme vor allem Nachtschichten arbeitet, damit er tagsüber auch an der Kinderbetreuung mitwirken kann. Er holt die Kinder, nachdem er ausgeschlafen hat, am späten Nachmittag aus der Schule ab und betreut sie bis zum Abendessen. Gerade solche schichtbedingten Lösungen und Arrangements sind den meisten Familien der bürgerlichen Mittelklasse fremd.

Mit einem Ideal der Gleichberechtigung hat die Arbeitsteilung in Arbeiterhaushalten jedoch nur bedingt zu tun. Das lässt sich an den Aussagen zu Geschlechterrollen ablesen, die sich nämlich je nach Gesellschaftsschicht stark unterschieden. Die höhere Mittelschicht gibt in der Regel zu Protokoll, die Gleichberechtigung von Mann und Frau habe einen hohen Wert, während die Angehörigen der unteren Mittelschicht in der Vorstellung an traditionellen

Geschlechterrollen festhalten. Dann handelt man eben aus Notwendigkeit anders. Genau wie meine Großeltern.

## 50/50 und Schichtarbeit

Auch Britta und Kerstin sind keine Akademikerinnen. Britta ist
Tischlerin, und Kerstin arbeitet als Friseurin. Sie sind Ende 30 und
leben mit drei Kindern zwischen anderthalb und neun Jahren zusammen. Die beiden Großen hat Britta mit in die Beziehung gebracht – sie leben abwechselnd bei Britta und Kerstin und beim
Vater. Ihr drittes gemeinsames Kind ist mithilfe einer Samenspen-
de entstanden. Kerstin hat es ausgetragen, sie ist die biologische
Mutter.

Britta lerne ich kennen, als wir in unserer Wohnung ein pass-
genaues Wandregal brauchen, um die ganzen Babysachen zu ver-
stauen. Sie wurde mir als fähige Tischlerin empfohlen. Weil Johann und ihr Baby im selben Alter sind, kommen wir schnell ins
Gespräch und reden auch über meine Kolumne, die gerade zum
zweiten Mal erschienen ist.

Ich bin neugierig. Was sagt sie zu dem Vorwurf, 50/50 wäre nur
etwas für Akademiker? Britta schaut mich an, als ob ich gerade
gesagt hätte, dass der Mond aus Käse besteht. »So ein Quatsch.
Das hat doch nichts damit zu tun, welchen Beruf ich ausübe. Bei
uns sind meine Arbeitszeiten als Handwerkerin sogar von Vorteil.
Ich stehe morgens um sechs auf und bin um sieben in der Werk-
statt. Deswegen macht Kerstin die Kinder fertig und bringt sie
in die Schule und zur Kita. Ich bin dafür um halb vier zu Hause,
hole den Kleinen von der Kita ab und mache mit den Großen die
Hausaufgaben.«

»Arbeitet ihr Teil- oder Vollzeit?«, frage ich.

»Vollzeit, ich 37,5 Stunden die Woche, Kerstin 40. Die sind festgelegt, und Überstunden gibt es zum Glück selten. Mit der entsprechenden Kinderbetreuung ist das 50/50-Modell für uns gut machbar.«

Eine 37,5-Stunde-Woche – ich muss zugeben, ich dachte, die gibt's gar nicht mehr. Das liegt vielleicht auch daran, dass in unserem Freundeskreis viele Freiberufler, Kreative und Akademiker sind. Wir kennen nur wenige Menschen, die Tariflöhne bekommen und gewerkschaftlich ausgehandelte Arbeitszeiten haben. Die Arbeitszeiten innerhalb der sozialen Schichten haben sich in den letzten Jahrzehnten nämlich vertauscht: Während Arbeiter und tarifliche Angestellte mit ihren Gewerkschaften die 35-Stunden-Woche erkämpft haben, gilt in Anwaltskanzleien, Werbeagenturen oder Banken heute eher eine 50-bis-80-Stunden-Woche als Regelfall.

Brittas Geschichte macht deutlich, wie irreführend die Diskussionen in den Medien sind, wo bei Vereinbarkeit von Beruf und Familie immer nur von Führungspersonen und Akademikern mit 60-Stunden-Wochen die Rede ist, nicht von Sachbearbeitern, Altenpflegern oder Handwerkern, die meistens zwischen 35 und 40 Stunden arbeiten. Was ist mit Überstunden? Und wie sieht es nun mit Schichtarbeit aus? Lassen sich Schichtdienst und 50/50-Modelle miteinander vereinbaren? Die Anzahl der Schichtarbeiter in Deutschland ist zwischen 2001 und 2011 von 4,8 auf 6 Millionen gestiegen. Dieses Wachstum lässt sich vor allem mit der Ausweitung des Dienstleistungssektors und darin insbesondere des Pflegebereichs begründen. Und Frauen üben diese Berufe häufiger aus als Männer. Insgesamt ist das eine Entwicklung, die man kritisch sehen muss. Denn es ist belegt, dass sich Nachtarbeit, häufige Schichten und regelmäßige Arbeit am Wochenende negativ auf die Gesundheit und die Psyche auswirken und sogar zu Arbeitsunfähigkeit führen können.

Für die 50/50-Beziehung muss Schichtarbeit allerdings kein Nachteil sein. Es kann sie sogar – gewollt oder nicht – fördern: Weil es schon aus ganz pragmatischen Gründen Sinn macht, dass der Vater aktiv in die Kinderbetreuung und den Haushalt eingebunden ist. Paare nutzen Schichtdienst auch, um auszugleichen, dass es zu bestimmten Uhrzeiten keine Kinderbetreuung gibt.

Ein Beispiel für eine solche Schichtarbeits-50/50-Beziehung in unserem Freundeskreis sind Tamara und Sascha. Tamara arbeitet als Krankenschwester in einem Berliner Krankenhaus. Frühschicht, Mittagsschicht, Abendschicht, Spätschicht immer jede Woche im Wechsel. Sascha ist von Beruf Gas- und Wasserinstallateur. Sein Tag beginnt um 7 und endet zwischen 16 und 17 Uhr. Ihre Kinder, 4 und 6, gehen unter der Woche von 9 bis um 14 Uhr in die Kita. Wenn Tamara Früh-, Abend- oder Spätschicht hat, holt sie die Kinder ab, ansonsten ihre Mutter. Sascha sammelt die Kinder nach der Arbeit bei Tamaras Mutter ein, macht Abendbrot und bringt sie ins Bett. Wenn Tamara auch da ist, kümmern sich beide um die Kinder, das freut die Kleinen besonders.

Trotzdem mussten auch Tamara und Sascha einige Diskussionen führen, bis sie zu einem Modell gekommen sind, das man 50/50 nennen kann. Denn Sascha hatte anfangs nicht eingesehen, warum er zusätzlich zu der Kinderbetreuung auch Hausarbeit übernehmen soll. »Davon hab ich keine Ahnung, es reicht doch, wenn ich dir mit dem Kind helfe, Tamara.« Erst als er gemerkt hat, dass die Doppelbelastung mit Job und Haushalt Tamara an ihre körperlichen Grenzen brachte, hat er angefangen, seine Einstellung und sein Verhalten zu ändern. Und das hat auch die Beziehung verbessert. »Wir streiten heute viel weniger«, erzählt Tamara.

## Zunächst einmal gerecht

50/50 bedeutet also keineswegs, dass alle es so machen müssen wie wir. In einer Studie mit 116 50/50-Familien aus dem Jahr 2001 haben kanadische Psychologen drei verschiedene Varianten des Modells herausgearbeitet, die sich nach sozialer Stellung, aber auch nach Werten und Überzeugungen unterscheiden. Zum einen *die familienorientierte 50/50-Partnerschaft.* In ihr steht die Familie im Vordergrund, und sowohl Mutter als auch Vater machen erhebliche Kompromisse in der Arbeitswelt. Beide Partner arbeiten in Teilzeit und nehmen Zeit (nacheinander oder gemeinsam) frei, wenn die Kinder klein sind. Sie sind der Überzeugung, dass elterliche Fürsorge das Beste für kleine Kinder ist und versuchen, die Betreuung außerhalb der Familie möglichst gering zu halten. Der Unterschied zu traditionellen Familien besteht darin, dass eben nicht nur die Mutter im Beruf zurücksteckt. Vielleicht haben diese Paare vor der Geburt Geld gespart, geerbt, ein hohes Einkommen, oder sie verzichten auf kostspielige Dinge.

Die zweite Variante wird *das ausbalancierte 50/50-Modell* genannt. Beide Elternteile arbeiten nach einer kurzen Elternzeit Vollzeit weiter, aber sie machen Kompromisse im Hinblick auf ihre Karriere, um für die Familie da sein zu können. Sie teilen sich sozusagen die Doppelbelastung Beruf und Familie und stellen den maximalen Erfolg im Beruf hinten an, um für die Familie und den Haushalt Zeit zu haben.

Die dritte Option ist die der *karriereorientierten 50/50-Beziehung.* Das berufliche Vorwärtskommen beider Partner steht im Vordergrund, beide arbeiten viel. Dadurch teilen diese Familien aber insgesamt weniger als die anderen beiden Modelle. Um Hausarbeit und Kinderbetreuung auszulagern, braucht man eben Geld, weswegen sich nur Gutverdiener dieses

Modell leisten können. Meine nette Top-Managerin ist dafür ein Beispiel.

Es gibt also durchaus Gestaltungsräume in unserem Modell – je nach finanziellen Möglichkeiten und Vorlieben. Auch aktuelle Untersuchungen bestätigen, dass es keine »typischen« 50/50-Paare gibt und vor allem, dass es unter Akademikern nicht stärker verbreitet ist als in anderen gesellschaftlichen Gruppen.

Tobias und ich leben momentan wohl ein familienorientiertes Modell, das wir uns deshalb leisten können, weil wir auf vieles verzichten. Wir leben in einer günstigen Mietwohnung, fahren ein altes Gebrauchtauto, kaufen oft Kleider und Haushaltsgegenstände secondhand und Lebensmittel bei Aldi, nicht im Bioladen. Wir haben nie Kredite aufgenommen. Wir machen keine teuren Urlaube. Auf lange Sicht, wenn das erste Kind und das zweite, was noch kommen soll, aus dem Gröbsten raus sind, werden wir das ausbalancierte Modell anstreben, also wieder mehr in den Job gehen. Wir haben uns bewusst für diese Option entschieden, weil wir beide der festen Überzeugung sind, dass Hierarchien in den Beziehungen zwischen den Geschlechtern nichts zu suchen haben.

# Wo stecken all die anderen Väter?

*Tobias*

Mit Kind allein zu Hause fällt jedem manchmal die Decke auf den Kopf – egal ob auf Mamas oder auf Papas. Denn 50/50 bedeutet nicht nur Stress. Es kann unter Umständen auch heißen, zu gleichen Teilen Zeit totschlagen zu müssen und sich mal ordentlich zu langweilen. Johann ist jetzt knapp sieben Monate alt, der April ist frisch und bläst Regen übers Land. Unsere Tage beginnen zurzeit recht früh, meistens gegen sechs Uhr. Wer von uns beiden arbeiten geht – heute ist es Stefanie –, verlässt das Haus gegen halb neun und ist nicht mehr nur fünf, sondern sieben bis acht Stunden aus dem Haus. Die morgendliche Babyroutine mit Fläschchen machen, füttern, wickeln und spielen ist noch halbwegs kurzweilig. Danach tauche ich ein in einen See aus Zeit. Wenn Stefanie hinter sich die Tür schließt, stehe ich manchmal ungläubig da und zähle mit den Fingern ab: halb 10, halb 11, halb 12, halb 1, halb 2, halb 3, halb 4, 4. Oh Gott, siebeneinhalb Stunden! Was soll ich denn bloß machen in der Zeit?

Johann ist im Moment schon ausgesprochen aufmerksam. Er weiß zum Beispiel bereits, dass ich das Zimmer verlassen will, wenn ich nur zwei Schritte in Richtung Tür mache. Und weil er findet, das sei keine gute Idee, beschwert er sich lauthals. Also drehe ich um, lache, sage so etwas wie: »Aber der Papa wollte sich doch gar keinen Kaffee machen!« Oder ich renne durch die Wohnung, erledige irgendwas ganz schnell und komme mit ei-

nem fröhlichen: »Schau mal, wer schon wieder da ist, der Papa!«
zurück ins Spielzimmer gehetzt. Was ich dann gerne mache, ist,
mich neben Johann auf den Boden zu setzen und einen Gummi-
ball an Boden und Wand zu werfen, um ihn dann wieder zu fan-
gen. Da-dumm-tum, da-dumm-tum, da-dumm-tum. Wie Steve
McQueen mit seinem Baseball in *Gesprengte Ketten*. In Isolati-
onshaft bin ich zwar nicht, aber isoliert schon. Blicke auf die Uhr,
Blicke aus dem Fenster, Regentropfen an der Scheibe, da-dumm-
tum, da-dumm-tum.

Um zehn Uhr macht Johann sein erstes Vormittagsnickerchen.
Aber er schlummert nicht einfach so ein. Ich muss ihn ja rum-
tragen, bis er schläft. Dann ablegen, ohne dass er aufwacht. Dann
endlich ist Zeit für E-Mails, *Spiegel online*, transfermarkt.de, Wäsche machen und die Küche. Diese Stunde vergeht wie im Flug.
Komisch. Um elf wacht Johann wieder auf. Was tun? Füttern, Flasche, wickeln, anziehen und dann auf jeden Fall: raus! Egal, bei
welchem Wetter.

An Tagen wie diesen mache ich erst einmal einen Spaziergang.
Draußen lockt frische Luft und zumindest das Versprechen, irgendwen zu treffen, den man kennt und dem es genauso geht wie
einem selbst. Schon nach wenigen Schritten aber merke ich, dass
ich heute überhaupt keine Lust habe, durch den Regen zu spazieren und den Wind im Gesicht zu haben. Auch Johann nicht,
er hat ja gerade erst geschlafen. Außerdem ist mit ihm immer
mehr anzufangen, er möchte sich bewegen und nicht auf meinen
Bauch geschnallt sein. Glücklicherweise hat in der Nachbarschaft
vor wenigen Wochen ein sogenanntes Spielcafé eröffnet. Also ein
normales Café mit einem relativ großen und, na ja, gut ausgestat-
teten Spielzimmer. Das Beste daran ist, man muss sich dort nicht –
oder weniger als woanders – für sein lärmendes Kind schämen.
Ich war selbst noch nicht dort, aber jetzt wage ich mich hin. Jo-

hann spielt zwar noch nicht, denke ich mir, aber zumindest kann er dort gemütlich rumliegen, den anderen Kindern zuschauen und versuchen, mal vom Fleck zu kommen.

## Ich gehe also in dieses Spielcafé

Als ich mich dem Café nähere, sehe ich schon ungefähr acht Kinderwagen mit Regenhaube gegen irgendwelche Laternen oder Regenrinnen gekettet. »Ja, da geht einiges«, sage ich zu mir selbst. Bisher habe ich mich höchstens mit Freunden zu Hause getroffen oder draußen. Als ich das Café betrete, herrscht da schon ein ziemlicher Lärmpegel. Johann versucht, einen Blick auf die Quelle dieses Lärms zu erhaschen. Am Ende eines lang gezogenen Raums ist das Spielzimmer, wo schon fünf oder sechs Kinder zwischen eins und vier rumwuseln. Abgesehen von den Kindern fällt mir aber eine Tatsache ganz besonders auf: An einigen Tischen in der Nähe des Spielbereichs sitzen ja sogar Männer. Also Väter! Alleine! Mütter sind natürlich auch da, aber die interessieren mich erst mal nicht. Denn endlich treffe ich auf jene Spezies, der ich selbst angehöre, die mir bisher aber unbekannt ist. Ich habe mich schon die ganze Zeit gefragt, was die eigentlich alle machen. Die bleiben doch bestimmt nicht alle zu Hause!

An einem Tisch, um den zwei Sessel und eine unglaublich große, tiefe Couch stehen, scheint noch Platz zu sein. Ich frage den in seine Zeitung vertieften Typen mit dickem Bart, ob dort noch frei ist. Er murmelt ein »Klar« und deutet mit seiner Zeitung auf einen der Sessel. Ich packe Johann aus dem Tragesystem und aus diversen Schichten Klamotten aus, setze ihn auf meinen Schoß. Er macht richtig große Augen und interessiert sich nur für die anderen Kinder und die bunten Spielsachen. Ein Mädchen um die drei läuft zu dem Mann an unserem Tisch, schnappt sich ihre

Trinkflasche, schmiegt sich an die Beine ihres Vaters und schaut Johann neugierig an, während sie trinkt. »Ist das ein Mädchen?«, fragt sie ihn.

Der sagt nur: »Das musst du den Papa von dem Kind fragen. Ich glaub ja, es ist ein Junge.«

Die Kleine also zu mir: »Ist das ein Mädchen?«

»Nein«, sage ich, »ein Junge ist das. Der heißt Johann. Und wie heißt du?«

»Hannah! Und ich bin drei Jahre alt!«

»Schön«, sage ich, »da habt ihr ja ganz ähnliche Namen.« Das hört aber schon keiner mehr. Hannah düst zurück in Richtung Spielküche, ihr Vater ist schon wieder in seine Zeitung versunken. Ich lege Johann in die Mitte des Raumes auf die mitgebrachte Decke. Soll er sich mal in dem ganzen Trubel umsehen. Es dauert keine zehn Sekunden, da lutscht er an einer kleinen Plastiklokomotive, die in seiner Reichweite lag. Das war abzusehen. »Das Spielzeug ist hier eigentlich ganz sauber«, lacht Hannahs Papa.

»Da bin ich ja beruhigt.« Ich zucke die Schultern. »Aber irgendwoher muss die nächste Erkältung ja kommen.«

Wir kommen ins Gespräch, und ich frage den bärtigen Typen ein bisschen aus. Er heißt Peter und arbeitet als Programmierer für die Telekom. Er beginnt gerade seine sechsmonatige Elternzeit, seine Frau hat vor sechs Wochen ihr zweites Kind, einen Sohn, bekommen. Zwei seiner Kollegen machen auch erfolgreich Elternzeit, einer davon sogar acht Monate! Hannah ist eigentlich schon in einer Kita, doch die macht jetzt vor Ostern eine Woche zu. Peter freut sich, den bevorstehenden Sommer nicht im klimatisierten Büro verbringen zu müssen, bevor er ab Herbst wieder 50 Stunden die Woche runterreißen muss. Wir unterhalten uns noch eine Weile über das Thema Wohnungssuche in Berlin und verabschieden uns, als er und Hannah gehen müssen. Ich sehe auf die

Uhr. Schon halb zwei! Na, das läuft doch alles ganz glatt heute. Ich zahle kurze Zeit später und mache mich mit Johann auf den Weg, um jetzt doch noch den Spaziergang zu erledigen. Johann pennt, Stefanie kommt bald von der Arbeit, und ich hab einen neuen Ort, an den ich mit dem Baby gehen kann. Und ich hab ganz unkompliziert einen anderen Vater kennengelernt und mich unterhalten. Sehr schön. Ich beschließe, das diese Woche jeden Tag zu machen.

Am nächsten Tag gable ich Stephen aus den USA und seinen dreijährigen Sohn Aaron auf, nachdem der mich mit einem Bauklotz voll an der Stirn trifft. Es ist nach 16 Uhr, ich habe Johann gerade erst von Stefanie übernommen. Im Café sind jetzt lauter Eltern mit Kindern, die gerade aus der Kita kommen und sauer sind, dass es draußen regnet. Auch Aaron ist nur deswegen etwas angesäuert, versichert mir sein Vater und entschuldigt sich tausendmal. Ich finde es lustig, wie leicht man über die Kinder ins Gespräch kommt. Stephen ist, was man einen Hipster-Vater nennen kann, zumindest dem äußeren Erscheinungsbild nach. Enge Hose, spitze Schuhe, Hemd und Hosenträger, im Gesicht einen Vollbart und eine Wollmütze auf. Er ist Komponist und Musikwissenschaftler und seit vier Jahren dabei, in Deutschland seine Doktorarbeit zu schreiben. Das ist eh so ein zerfaserter Prozess, haben er und seine deutsche Freundin Sabine sich gedacht, da könnte man auch prima eine Familie gründen. Über Wasser hält er sich mit Stipendien und Lehraufträgen. Seine Freundin, die Künstlerin ist, und er haben sich damit abgefunden, immer wieder neue Quellen für den Unterhalt auftun zu müssen und kein super Gehalt zu haben. Stephen meint, bei ihnen sei alles irgendwie 50/50, das sei aber nicht wirklich der Plan gewesen vorher. Es hat sich eher so ergeben. Als ich ihm von Stefanies und meinem Projekt erzähle, ist er sehr interessiert und fragt mich seinerseits aus. »Wartet mal ab, bis das zweite Kind kommt«, sagt er, als ich meinen Kaffee zahle, weil Johann von den großen Kindern heute schnell zu viel hat, »ich glaub, das wird erst richtig stressig.« Wir nicken uns zum Abschied zu, und Stephen geht zu der kleinen Rutsche in der Ecke, um bei Aaron ein paar Tränen zu trocknen.

Der dritte Tag im Café bringt mich mit Tillmann zusammen. Dieses Mal läuft es nicht über die Kinder, sondern Fußball. Als ich mich an den Tisch neben seinem setze, schaut er kurz von seinem Rechner auf und sieht, wie ich meinen Schal von Borussia Mönchengladbach abnehme. »Gutes Spiel gegen Fürth am Wochenende, oder? Hätte man aber gewinnen müssen.«

»Allerdings«, sage ich, »ich trag den Schal sonst auch nur nach Siegen.« Johann hat sich heute ein Tischbein zum Ablutschen ausgesucht, und ich setze mich so hin, dass ich ihn im Blick habe. Ich rede mit Tillmann kurz über das Spiel und merke, dass er sich die Dinge nicht ganz so leicht aus der Nase ziehen lässt. Immerhin erfahre ich, dass er sich nicht freiwillig diesen Zeitvertreib (Spielcafé mit Sohn) ausgesucht hat. Er arbeitet als Unternehmensberater, macht aber gerade ein *Sabbatical*. So nennt man wohl die Elternzeit, wenn man sie nicht Elternzeit nennen möchte.

Bis zu Sohn Arthurs erstem Geburtstag ist er unter der Woche immer nach München aufs Projekt gependelt. Am liebsten würde er auch dorthin ziehen, aber seine Freundin will in Berlin wohnen bleiben, weil sie hier Familie hat und ihr Mode-Ding machen kann. Tillmann nutzt die Zeit im Spielcafé, um ein paar Geschäftsideen und Start-up-Initiativen zu entwickeln und telefoniert deswegen ständig zwischendurch. Ab und an ein Blick auf Arthur, der sehr selbstgenügsam Türme aus Holzklötzen baut, um sie sogleich umzuschmeißen. Für den Kleinen scheint sein Vater nicht mehr als eine Begleitperson zu sein. Wie er mir ganz offen sagt, betrachtet Tillmann seine Zeit mit Kind als eine Art notwendigen Kompromiss, den er seiner Freundin zuliebe eingeht. Deren Jobsuche nimmt er nicht sonderlich ernst: »Die hat Mode studiert und schneidert gern. Na ja, vielleicht besorgen wir ihr irgendwann einen kleinen Laden für ihr Label.« Zumindest ist er ehrlich und macht keinen großen Hehl draus, wer bei ihm in der Familie die Entscheidungen fällt und wessen Arbeit wirklich etwas zählt.

### Distanzlose Mütter

Mir gefällt die Interaktion mit den Vätern, die ich hier kennenlerne, sehr. Mit allen bin ich ganz einfach ins Gespräch gekommen, aber keiner hatte ein ausgeprägtes Mitteilungsbedürfnis und wollte sich stundenlang mit mir darüber unterhalten, was sein Kind für Probleme macht. Und trotzdem wissen sie alle super über ihr Kind und dessen Alltag Bescheid. So etwas wie Konkurrenz habe ich auch nicht gespürt. Welches Kind was in welchem Alter kann, wie es angezogen ist oder auch welche Probleme es macht – unter Vätern spricht man zwar darüber, aber halt sachlich, so jedenfalls meine Erfahrung der letzten Tage. O.k., manchmal ist es vielleicht etwas zu sachlich. Nichtsdestotrotz finde ich es angenehm. Schließlich müssen Väter ja auch erst einmal lernen, über diese Themen zu sprechen.

Das Kennenlernen der Väter im Spielcafé ist für mich auch deshalb so eine positive Erfahrung, weil ich in der gleichen Woche auch ein paar ziemlich skurrile Begegnungen mit Müttern habe. Die mir klarmachen, wie froh ich über die anfängliche Distanz zu den Vätern – dieses leben und leben lassen – eigentlich sein kann. Einmal hat mich bei einem Spaziergang ein dicker Regenschauer erwischt, und ich musste in ein Café flüchten. Weil ich ihn aus dem Tiefschlaf reiße, ist Johann richtig sauer und fängt an zu schreien. Vielleicht hat er auch Bauchweh oder zahnt, jedenfalls ist er kaum zu beruhigen. In dem Café, das gerade öffnet, ist au-

ßer mir nur eine Frau um die 40 mit ihrem etwa vier- oder fünfjährigen Sohn da. Als ich den schreienden Johann aus dem Tuch
nehme und herumtrage, um ihn zu beruhigen, kommt sie zu mir
herüber und bietet direkt an, das für mich zu übernehmen: »Gib
es mir mal! Wie alt is' es denn?«

Ich nur: »Ist ein Junge. Johann. Sechs Monate.«

Sie nimmt ihn mir ab, was soll schon passieren, ich bin in dem
Moment ganz froh darüber. »Das werden wir doch sehen, ob wir
dich nicht beruhigt kriegen, odeeeerr?!«, singt sie in Johanns Gesicht und steckt ihm einen Finger in den Mund. Dabei nimmt der
Kleine normalerweise weder Schnuller noch Daumen. Über die
Schulter macht sie zu mir eine Geste, die signalisieren soll, das
hätte schon immer geholfen. Ich bin irritiert. Komme ich denn
so hilflos rüber? Mein Kind schreit, na und? Das ist blöd, aber es
wird schon wieder aufhören, oder? Egal, die Nummer mit dem
Finger ist mir unheimlich. Da bin ich etwas auf dem falschen Fuß
erwischt worden. Johann hat sich beruhigt, o.k., aber als ich mich
bedanke und ihn wieder zurücknehme, merke ich, dass die Frau
eine Alkoholfahne hat. Um vier Uhr nachmittags. Nicht so o.k.
Ich mache, dass ich aus dem Laden rauskomme und staune auf
dem Heimweg darüber, wie übergriffig die Mutter war. Ob die
Szene die gleiche gewesen wäre, wenn Johann mit Stefanie dage-
wesen wäre?

Am nächsten Tag eine ähnliche Distanzlosigkeit. Ich bin mit
dem Kind unterwegs, mache ein paar Einkäufe. In der Schlange
an der Supermarktkasse steht eine Frau hinter mir und himmelt
den Kleinen an. »Ach, der ist ja süß! So zufrieden guckt der! Weil
du ihn am Körper trägst, sicherlich. Meine Tochter ist fünf Monate alt, und ich hab sie immer im Kinderwagen, aber ein voll
schlechtes Gewissen deswegen. Es geht nicht wegen meinem Rücken. Aber die braucht doch die Nähe so! Ach, ich versuch's mor-

gen noch mal mit dem Tuch! Ich hab echt so ein schlechtes Gewissen …« Ich bin fertig mit zahlen und lasse die Mutter mit ihrem schlechten Gewissen stehen. Die mir ihr Problem ungefragt und ohne dass wir uns je begegnet wären aufs Brot schmiert. Ähnlich aufdringlich wie die Aktion vom Vortag. An Kommentare in der U-Bahn habe ich mich durch die Pendelei zu Stefanie in die Arbeit ja gewöhnt, aber das ist mir wirklich eine Idee too much. Langsam bekomme ich eine Ahnung davon, was Frauen in der Schwangerschaft erleben. Da gehört man sich nicht selbst, sondern den anderen, die alles besser wissen oder sich auch mal ungefragt offenbaren wie die Frau im Supermarkt gerade. Dass ich nun diese Erfahrungen mache, ist sicher Part des 50/50-Deals, klar. In dieser Woche aber fällt mir da auch ein Unterschied zwischen anderen Vätern und Müttern auf. Erstere fühlen sich offensichtlich nicht so sehr bemüßigt, sich anderen in Kinderdingen aufzudrängen. Jedenfalls die, die mir begegnet sind.

### Andere Entwürfe und ungenutzte Chancen

Nach meinen ersten Erfahrungen im Kennenlernen und den Gesprächen mit anderen Vätern sowie einem Austausch über ihre Partnerschaftsmodelle lege ich wieder mal einen Tag Langeweile zu Hause ein. Das Café ist mir nach einigen Tagen zu stressig, das Wetter aber nicht besser geworden. Ich sitze also im heimischen Spielzimmer – ein Durchgangszimmer, das man für nichts anderes nutzen kann –, werfe einen Ball an die Wand und denke über meine Begegnungen nach. Irgendwas Besonderes war da. Haben die Papas in dem Laden etwas gemeinsam? Abgesehen davon, dass sie Zeit mit ihren Kindern allein verbringen und in diesem Café waren: nein. Zumindest nichts, was auf den ersten Blick zu erkennen gewesen wäre. Zum Thema 50/50 waren die Meinungen gespalten, soweit wir uns überhaupt darüber unterhalten haben. Mit dem Partnerschaftsmodell hat es also nichts oder nur indirekt zu tun. Irgendetwas Besonderes habe ich beobachtet und weiß nicht, was es ist. Als ich es schaffe, mich von Johann unbemerkt aus dem Zimmer zu stehlen und einige Momente später wieder zurückkomme und er mich anlacht, wird es mir klar. Ich habe in dem Spielcafé Väter gesehen, die – bis auf Tillmann – einfach völlig entspannt und authentisch mit ihren Kindern umgegangen sind. Klingt banal, aber das ist es nicht.

Wenn ich bisher Väter mit Kindern erlebt habe, dann sind die entweder mit dem Kinderwagen an mir vorbeimarschiert – was gar nichts aussagt – oder die Väter waren meine Freunde oder Bekannten. Da war der Blick immer etwas verstellt. Wieso? Weil ich schon so viel über die wusste vielleicht oder weil es keine Alltagssituationen waren. Ich bin mir nicht sicher. Auf jeden Fall ist die Erfahrung im Spielcafé anders. Ich greife mir ein Buch aus dem Regal, das ich mir während Stefanies Schwangerschaft gekauft, aber noch nie aufgeschlagen habe: Jesper Juuls »Mann & Vater sein«. Mit Juul komme ich einer Antwort auf die Frage näher, wieso ein natürlicher und authentischer Umgang von Vätern mit ihren Kindern noch ein relativ neues Phänomen ist. Er schreibt davon, dass Männer bis in meine Generation deswegen verunsichert oder auch ängstlich sind, wenn sie Vater werden, weil ihr Erfahrungsschatz arm ist und gleichzeitig viel von ihnen gefordert wird. Sie haben sehr oft selbst »abwesende Väter« gehabt. Juul, 1948 geboren, meint, in seiner Generation hätten viele – weil ihnen die Vorbilder fehlten oder sie eben alles anders machen wollten als die eigenen Väter – erst einmal alles wie die Frauen gemacht, dabei aber bemerkt, dass dies nicht der richtige Weg ist. Das Vatersein könne man eben nicht von Frauen lernen, sondern nur von anderen Vätern. Also muss man sich nach anderen Vätern umschauen, um zu sehen, wie die das machen. Und genau das ist bis heute eine ziemlich schwere Sache. Ich selbst erlebe es erst im Spielcafé.

Aber warum ist das so schwer, anderen Vätern beim Vatersein zuzusehen? Die Antwort ist einfach: Weil immer noch so wenige Väter ausreichend Zeit mit ihren Kindern verbringen, um wirklich einen Zugang zu ihnen zu gewinnen. Verbringt man als Vater genug Zeit mit seinem Kind, passiert alles wie von selbst, wie Juul schreibt und ich (bisher) selbst nur bestätigen kann: »Die treibende Kraft in der Einübung der Vaterschaft sind die Kinder selbst: Ihre bedingungslose Liebe und ihr uneingeschränktes Vertrauen macht es den Vätern im direkten Zusammenspiel mit ihren Kindern möglich, väterliche Fähigkeiten zu entwickeln.« Ich habe den Eindruck, dass in Deutschland junge Väter erst seit kurzer Zeit – in den letzten zehn Jahren, vielleicht wirklich erst seit Einführung des Elterngeldes – vermehrt diese Erfahrung machen oder überhaupt die Möglichkeit dazu entdecken.

Peter, Stephen und die anderen aus dem Spielcafé sind Beispiele für Väter, die sich entschieden haben, präsente und aktive Väter zu sein und einen Zugang zu ihren Kindern einzufordern. Und wenn nur ein paar Monate Elternzeit dazu zur Verfügung stehen, dann passiert dies umso intensiver. In der Literatur heißt es zum Thema Bindungstheorie überall, wie wichtig es für Väter und Kinder ist, Zeit alleine miteinander zu verbringen – also ohne die Mutter. Auf diese Weise schafft man auch den Mythos aus der Welt, die Mütter seien wichtiger für das Kind als die Väter. Man kann Juuls Fazit nicht oft genug wiederholen: »Die letzten zwanzig Jahre wissenschaftlicher Forschung in der Bindungstheorie haben klar gezeigt, dass ein Kind die Mutter dem Vater nicht vorzieht, wenn beide gleichermaßen zur Verfügung stehen: Es wird sich auf beide Elternteile beziehen.« Ob das am Ende auch auf Tillmann zutrifft, der seinen Arthur nach eigenem Bekennen »verwaltet«, wird sich zeigen. Er zählt nach meinem ersten Eindruck eher zu denjenigen Vätern, die sich für die Variante »Abwesenheit« entschieden haben.

Damit Kinder von diesen verschiedenen Erziehungsstilen aber profitieren können, müssen sie also viel Zeit mit den beiden Elternteilen *allein* verbringen, also auch viel Zeit mit den Vätern. Wenn ich dann von Peter oder Tillmann höre, sie machen das alles nur als Gefallen oder weil die Gelegenheit günstig ist und man unter der Woche jetzt ein paar Runden Golf spielen kann, kommt mir das wie eine verschenkte Möglichkeit vor. Als Vater sollte man schon aktiv sein wollen und sich den Status als gleichberechtigte Bezugsperson für das Kind erkämpfen. Schließlich ist die Rolle der Hauptbezugsperson ja gerade in Deutschland eine Domäne der Mütter, die sie den Vätern nicht mal eben überlassen werden. Die Väter müssen es schon selbst wollen!

Ich bin aufgrund der Erfahrungen aus einer Woche Spielcafé äußerst froh über den respektvollen Umgang unter Vätern. Und noch viel mehr darüber zu sehen, wie diese Väter mit ihren Kindern zusammen so sind. Diese Art Vorbild ist für mich viel wichtiger und ergiebiger, als Müttern mit ihren Kindern zuzusehen. Nicht zuletzt deswegen, weil diese im Umgang mit jungen Vätern nicht immer so taktvoll sind und manchmal auch zudringlich werden. Mit dem Spielcafé habe ich eine echte Alternative zu den langen Spaziergängen, und die Zeit vergeht dort definitiv schneller als zu Hause.

# Schatz, halt doch mal bitte den Staubsauger. Kann 50/50 romantisch sein?

*Stefanie*

Meine Freundin Susanne und ich sitzen auf der Spielplatz-Parkbank. Es ist Frühling, zarte Sonnenstrahlen wärmen uns. Wir essen das erste Eis der Saison. Johann, mittlerweile acht Monate alt, frisst zum ersten Mal in seinem Leben Sand und rudert dabei glücklich mit den Beinchen. Susannes Sohn Achim, 13 Monate, spielt mit seinem Bagger. In die gefräßige Stille hinein stellt Susanne eine Frage: »Na, und wie macht ihr das eigentlich beim Sex mit eurem Modell? Tobias ist fünf Minuten oben, dann klingelt die Eieruhr und ihr tauscht?«

Die Vorstellung bringt mich zum Lachen. »Nee«, winke ich ab. »50/50 bedeutet ja nicht, dass wir alles in der Mitte teilen. Das ist natürlich Quatsch. Sex haben wir so wie immer, ganz normal halt, wie es uns gefällt. So, dass der Sex für uns beide gut ist. Momentan vielleicht nicht so viel, du weißt ja, das Kind …«

Susannes Antwort schmeckt mir sehr viel weniger als das Mango-Eis, das gerade in meinem Mund schmilzt: »Also, ich würde mir ja schon Gedanken machen, ob das nicht auch etwas mit eurem Modell zu tun hat. Erotische Anziehung beruht doch auf Unterschiedlichkeit. Also, bei uns ist im Bett alles in Butter, wir haben keine Probleme.«

Tatsächlich geht seit Johanns Geburt nur wenig. Die ersten Monate sogar gar nichts, erst mussten die Wunden der Geburt heilen. Aber auch jetzt, Monate später, schlafen wir insgesamt weniger miteinander als vor der Schwangerschaft. Ich habe das bisher in erster Linie darauf zurückgeführt, dass wir einfach weniger Zeit für uns haben. Eigentlich nur noch abends, wenn der Kleine im Bett ist. Außerdem muss man ja auch erst einmal wieder aus der Rolle des Elternteils in die des Liebhabers schlüpfen, nicht so einfach. Und natürlich machen wir oft auch noch eigene Sachen, Freunde treffen zum Beispiel. Oder wir sind komplett erledigt und schlafen einfach ein. Aber ist Susanne als teilzeitarbeitende Hausfrau mit zwei kleinen Kindern nicht auch abends fertig? Doch klar, aber so ein Schäferstündchen, das geht halt schon. Sagt sie und grinst. Mmh. Ich glaube ja eigentlich nicht, dass Susanne die Normalität ist und ich die Ausnahme, aber ein bisschen verunsichert bin ich schon. Was ist dran an der Vorstellung, dass gleichberechtigte Paare sich nicht mehr erotisch anziehend finden würden?

Viele Menschen, nicht nur Susanne, sind der Überzeugung, dass die Anziehung zwischen den Geschlechtern auf ihren Unterschieden beruht: Männer würden nun mal Frauen erotisch finden, die besonders weiblich sind: schwach, zierlich, beschützenswert. Frauen würden auf Männer stehen, die stark sind und die die Familie mit materiellen Dingen versorgen können.

### Wer hat den längsten Sauger?

Weil sich weite Teile unserer Gesellschaft jedoch das Ziel der Gleichheit auf die Fahnen geschrieben haben, finden nun immer wieder Diskussionen darüber statt, dass Frauen und Männer sich nicht mehr attraktiv finden. Die letzte Debatte dieser Art wurde

2012 von einem Artikel in der *ZEIT* mit dem Titel *Die Schmerzens-
männer* der Autorin Nina Pauer ausgelöst. »Verkopft, gehemmt,
unsicher, nervös und ängstlich ist er, melancholisch und ratlos«,
so werden die neuen Männer beschrieben, die »ihre Rolle verloren
haben«. Und als »furchtbar unsexy«. Die Autorin ist der Ansicht,
dass diese »Frauenversteher« nur »beste Freunde« der Frauen sein
können, keine wirklichen Partner oder Sexsymbole. Frauen würden auch 2012 immer noch einen »Beschützer, Ernährer, Versorger, Jäger suchen und keinen, dem sie bei einer Tasse Tee ihr Herz
ausschütten können«, heißt es in einem Kommentar zum Artikel.
Aber auch andersherum gibt es ein solches Stereotyp: der deutsche Mann, der mit den westlich-emanzipierten Frauen von heute nicht mehr klarkommt, überfordert ist und sich deswegen eine
dankbare und loyale ausländische Frau »holt«.

Sehr gerne wird an diesem Punkt auch wieder die Biologie be-
müht. Unter dem Stichwort »evolutionäre Partnerwahl« heißt es
dann, Frauen würden sich nun mal einen Ernährer suchen, der
möglichst reich, stark und groß sei. Basta. Ein Klischee, das sowieso schon längst widerlegt ist, weil unumstritten ist, dass so
ein komplexer Vorgang wie die Wahl des Beziehungspartners von
verschiedensten Faktoren abhängt. Unter anderem auch davon,
welche Rolle als Mann oder als Frau wir von unserem Gegenüber
erwarten. Damit will ich nicht ausschließen, dass es Frauen gibt,
die sich einen »Beschützer, Versorger, Ernährer oder Jäger« wünschen und die auf einen Mann, der ihnen das nicht geben kann,
keine Lust haben. Es sind ja nicht alle Frauen an einem gleichberechtigten Leben interessiert. Und natürlich gibt es auch Männer,
die eine Frau wollen, die vor allem gut aussieht, toll kochen und
die Kinder versorgen kann, klar. Aber das gilt eben nicht für alle,
und mit Sicherheit gilt es nicht für mich und Tobias.

Das Problem liegt vielleicht eher darin, dass sich viele Menschen, wenn sie jemanden kennenlernen, nicht immer darüber im Klaren sind, was für Erwartungen sie an einen Partner oder eine Partnerin haben. Und das führt zu Enttäuschung und Konflikten. Jemand, der sich selbst vor allem als Ernährer oder Jäger definiert, wird wohl kaum für das Kind zu Hause bleiben. Eine Frau, für die das Mutter- und Hausfrausein im Vordergrund steht, wird sicherlich keine großen Karriereambitionen entwickeln und das Familieneinkommen erwirtschaften. Aber das sind eben Dinge, die man nicht beim ersten Date bespricht. Und meistens auch nicht beim fünften oder zehnten. Sollte man aber irgendwann, denn sonst steckt man möglicherweise in einer Situation fest, die man so gar nicht wollte. Denn wir befinden uns gesellschaftlich mitten in einem Prozess, in dem sich unsere Rollenbilder massiv verändern. Verschiedene Ideen davon, wie Frauen und Männer sein sollen, existieren nebeneinander und gleichzeitig. Das macht die Partnerwahl heute komplizierter als in den 1950ern. Und wirkt sich vielleicht auch erschwerend auf unser Sexleben aus.

Das alles interessiert auch die Wissenschaft. Es gibt zahlreiche Studien, die den Zusammenhang zwischen männlicher Teilhabe am Haushalt und der Häufigkeit von Sex herstellen wollen. Einige dieser Studien haben ergeben, dass eine gleichberechtigte Partnerschaft im Schnitt zu mehr Sex führt, nicht zu weniger. Begründet werden die Ergebnisse damit, dass Frauen ihren Männern im Bett zugeneigter seien, wenn sie das Gefühl haben, ihre Beziehung sei fair und ausgewogen. Eine Vorstellung, die mir Unbehagen bereitet: Er saugt Staub, und sie schläft dafür mit ihm? Hört sich nicht nach tollem Sex, sondern eher nach Berechnung an. Aber vielleicht stimmt das alles gar nicht. Denn das genaue Gegenteil behauptet eine Studie, die Anfang 2014 erschien. Ihr zufolge haben Paare, die Hausarbeiten und Kinderbetreuung gleichberechtigt teilen, im Schnitt 30 Prozent weniger Sex als Paare in der traditionellen Rollenverteilung. Weil sie sich miteinander langweilen. John Gray, Verfasser des Buches *Männer sind vom Mars, Frauen von der Venus*, erklärt sogar, dass der Testosteronspiegel bei Männern sinken würde, wenn sie Routineaufgaben im Haushalt übernehmen. Was sich nicht nur zynisch anhört, sondern sich im Übrigen auch nicht beweisen lässt.

Ich muss gestehen, dass ich diese Studien und ihre Interpretationen höchst dubios finde: Irgendwie sind sie mir zu einfach. Wenn die Häufigkeit des Beischlafs nur davon abhinge, wie viel er staubsaugt, dann wäre ja alles klar. Und Staubsauger wären der meistverkaufte Gegenstand der Welt. Es gäbe Weltmeisterschaften im Staubsaugen. Kleine goldene Abzeichen, mit denen sich der Mann schon in der Bar als Meister seiner Zunft zu erkennen geben könnte. Wer hat hier den längsten Sauger? Totaler Blödsinn. Außerdem lässt sich nicht jede Form der sexuellen Anziehung zwischen Menschen mit dem Geschlechtsunterschied erklären: Es gibt ja auch noch gleichgeschlechtliche Beziehungen, jenseits des Rollendenkens von Mann und Frau. Deren Anziehung lässt sich mit einer solchen Logik gar nicht greifen.

### Augenhöhe ist sexy

Doch warum haben Tobi und ich weniger Sex? Denn dass es so ist, ist ja ein ganz simpler Fakt. Liegt es wirklich nur am Kind, oder steckt doch mehr dahinter, so wie Susanne meint? Vielleicht sollte ich es doch mal mit so einem »Wie es im Bett wieder klappt«-Ratgeber versuchen? Durch ein Interview auf *ZEIT Online* entdecke ich den amerikanischen Paartherapeuten David Schnarch. Er geht davon aus, dass es keine objektive Messlatte für das sexuelle Verlangen gibt. Also, was viel, wenig oder ausreichend ist, bestimmen nur die Paare und sonst niemand. Keine Frauenzeitschrift und keine Männerzeitschrift. Meistens ergibt sich ein Problem in der Beziehung daher, dass ein Partner mehr Verlangen hat als der andere. Es gibt Paare, die haben einmal im Monat Sex, aber das ist unproblematisch, solange sie es beide nicht stört. Manche Paare schlafen dreimal die Woche miteinander, und trotzdem findet einer der Partner, dass es zu wenig sei. Laut Schnarch geht es also nicht um Regeln, die von außen kommen, sondern um die Paare selbst.

Ein unterschiedlich ausgeprägtes Lustempfinden ist also schon mal nicht unser Problem, erkenne ich erleichtert: Wir schlafen ja BEIDE immer um neun vor dem Fernseher ein. Schnarch (so heißt er wirklich) sieht komplett fehlende Lust allerdings schon als Beziehungskiller: Er ist der Überzeugung, dass Menschen sich stetig weiterentwickeln wollen, auch in ihrer Sexualität. Wenn die Weiterentwicklung fehlt, dann wird die Beziehung langweilig, Seitensprünge und damit Vertrauensbrüche werden wahrscheinlicher und belasten die Beziehung zusätzlich. Eine Weiterentwicklung bedeutet aber gerade, dass Paare miteinander reden, ihre Bedürfnisse äußern und sich gegenseitig ernst nehmen. Kein Wunder, dass mir Schnarchs Thesen gefallen: Sie haben nichts mit einer geheimnisvollen evolutionären Anziehungskraft zwischen Männern und Frauen zu tun, sondern damit, sich auch im Bett auf Augenhöhe zu begegnen.

Das passt zu mir. Mein Partner ist in erster Linie ein Mensch auf Augenhöhe, kein Ernährer oder Sexsymbol, das ich aus der Ferne anhimmle. Auf gut aussehende High-Performance-Karrieretypen stand ich noch nie: Die betrügen dich eh nur irgendwann mit der Sekretärin, gehen mit Kollegen und Kunden in den Puff und behindern dich in deiner persönlichen Entwicklung. Das ist wenigstens mein Vorbehalt. Mein Partner ist nun mal mein bester Freund, anders kann ich mir eine Beziehung gar nicht vorstellen.

Das schließt für mich eine erotische Beziehung nicht aus, sondern ist ihre Voraussetzung. Nur wer sich wirklich vertraut, ist in der Lage, auch im Bett seine Bedürfnisse zu äußern, ohne Scham und Tabu. Geteilte Gesprächsthemen, Interessen, Unternehmungen wie Wanderungen im Sonnuntergang, Museums-, Kino- und Theaterbesuche, Abendessen im Kerzenlicht, reden reden reden, Bücher, gemeinsame Freunde, Zärtlichkeit, Ernsthaftigkeit, Humor, Ehrlichkeit, Leidenschaft und gemeinsam Unsinn anstellen – all das ist doch eher möglich, wenn man sich auf Augenhöhe begegnet. Da spielt die Frage, ob er mich versorgen kann, keine große Rolle. Und natürlich freue ich mich über Aufmerksamkeiten, Geschenke, schöne Ideen. Aber es gefällt mir ebenso sehr, diese zurückgeben zu können. So laden wir uns bei Restaurantbesuchen oft gegenseitig ein, obwohl sich das natürlich finanziell wieder ausgleicht. Aber wir mögen die Geste des Einladens, sie ist romantisch.

Selbstverständlich darf – muss! – es auch Dinge geben, die wir jeder für uns machen. So ist Tobias, der Fußballfanatiker, immer wieder erstaunt über mein »bedingungsloses Desinteresse« an allem, was mit diesem Sport zu tun hat. Natürlich schaut er möglichst viele Spiele von Champions League, Bundesliga und Co. in irgendeiner Fußballkneipe – wenn es sein muss, auch alleine. Ein ganzer Kosmos in seinem Leben, an dem ich nicht teilhaben will. Während ich ihn nur selten dazu überreden kann, mit mir politische Veranstaltungen zu besuchen. Es ist diese Mischung aus Gemeinsamkeiten und Unterschieden, die unsere Beziehung lebendig und spannend hält. Mit der Art und Weise, wie wir uns die Arbeit einteilen oder wer was verdient, hat das überhaupt nichts zu tun.

Für all diese Unternehmungen ist mit Kind allerdings nur noch relativ wenig Zeit. Trotzdem habe ich nicht den Eindruck, dass unsere Beziehung seit Johanns Geburt weniger gut und intensiv ist, im Gegenteil: Die gemeinsame Zeit mit unserem Kind, die geteilten Sorgen, der gemeinsame Stolz auf den Kleinen ersetzen viel von den zweisamen Spaziergängen, Abendessen, Gesprächen und Wanderungen. Aber eben nicht alles. Wir müssen immer wieder Nischen für uns finden, indem Freunde abends auf Johann aufpassen oder unsere Eltern mal über Nacht bleiben, damit wir zusammen wegfahren können. Ich bin mir sicher, irgendwann werden wir wieder mehr Sex haben. Denn der ist ja an sich gut, und nur die Zeit ist knapp. Egal, ob 50/50 oder klassisches Rollenmodell: Romantik ergibt sich eben nicht von selbst.

# Reden, reden, reden.

## Tobias

Meine Mutter ist für zehn Tage bei uns in Berlin. Für uns die einmalige Chance, zu zweit ins Kino und essen zu gehen, Veranstaltungen zu besuchen oder Freunde zu treffen. Wir haben dazu eine super Woche erwischt. Es ist Juni, das Wetter warm und die Abende lang und hell. Heute sind wir bei Chloé und Victor zum Abendessen eingeladen, engen Freunden, die wir aber seit bald einem Jahr nicht mehr gesehen haben. Victor hat mit mir studiert. Die beiden haben drei Töchter und zwei Jobs – kein Wunder, dass man ewig braucht, um sich mal zu verabreden. Chloé kommt aus Frankreich, Victor aus Island. Die drei Töchter lernen deswegen drei Sprachen (Deutsch, Französisch, Isländisch), hinzu kommt noch Englisch als »Haushaltssprache«. Und diese Haushaltssprache ist tatsächlich sehr speziell. Als Françoise, die mittlerweile sieben Jahre alt ist, zur Welt kam, haben die beiden ihre Jobs – Chloé als Lektorin bei einem Verlag, Victor als Cutter beim Fernsehen – auf Teilzeit heruntergefahren, um sich abwechselnd um sie zu kümmern. Auch bei den beiden anderen Töchtern – Nora und Hildur – haben die beiden versucht, sich die Betreuung der Kinder im ersten Jahr möglichst gut aufzuteilen.

Chloé und Victor haben zu Hause eine sehr direkte und lustige Art, miteinander umzugehen. Die ganze Abendroutine mit den Kindern, das Kochen und die Betreuung der Gäste hat etwas von einer Choreografie. Permanent klingen kleine Anweisungen und

Kommandos der Eltern untereinander durch die Wohnung, vorneweg immer ein »Dude«. Übersetzt heißt das so was wie »Alter«. Während Stefanie und ich also mit einem Bier auf dem Balkon stehen und froh sind, mal in einem anderen Stadtteil zu sein, schallt es hinter uns durch die Wohnung: »Dude, haben Steffi und Tobi was zu trinken?«, »Dude, wischst du noch den Boden im Bad auf?«, »Dude, wo ist der Schnuller von Hildur?« Stefanie und ich grinsen uns an. Es macht Spaß, dabei zuzuhören, aber ein bisschen harsch kommen uns diese ganzen Kommandos schon vor.

Beim Essen dann frage ich Chloé, ob sich an ihrer direkten Art schon einmal jemand gestört hat.

»Ach was«, meint Chloé nur, »wir brauchen beide diese Geschwindigkeit! Wir sind beide mit vielen Geschwistern aufgewachsen und haben selbst drei Kinder. Wir könnten das alles gar nicht anders machen!«

Victor lacht: »Vielleicht haben wir einfach zu viel Temperament. Mit Sicherheit hat es auch mit der Sprache zu tun. Auf Englisch kann man so miteinander sprechen, auf Deutsch, denke ich, nicht so gut.«

Stefanie fragt nach: »Aber entsteht deswegen denn nie Streit? Wenn ihr euch so Kommandos zuraunzt? Wenn sich einer mal ungerecht behandelt fühlt deswegen?«

Doch Victor winkt ab: »Da haben wir eigentlich nie Probleme, wir können das ganz gut wegstecken. Aber wir wissen schon, dass wir da sehr speziell sind. Wenn es einem von uns zu viel wird oder man sich mal wirklich angegriffen fühlt, kann man das auch sagen, und dann ist Schluss.«

Ich bin da anders. Für mich ist es eine der schwierigsten Übungen in einer Partnerschaft, Ansagen zu bekommen und auch selbst welche zu machen – ganz besonders im 50/50-Modell, wo es so viele Entscheidungen gemeinsam zu treffen gilt. Ich erzähle, dass es uns trotz aller Vorsätze noch ziemlich oft passiert, dass wir nicht den richtigen Ton erwischen. Gerade dann, wenn es mal schnell gehen muss oder stressig ist. Oder wenn uns Johann auf die Nerven geht mit seiner Unberechenbarkeit. Und der erlebt im Moment seine erste, sehr verfrühte Trotzphase. Wenn ihm beim Spielen etwas nicht gelingt – zum Beispiel einen Baustein in die entsprechende Öffnung zu drücken –, kreischt er los und wirft mit Sachen um sich. Das geht mir gerade sehr an die Substanz.

»Was meinst du überhaupt mit Ansagen machen, Tobi?«, fragt mich Chloé.

»Na ja«, sage ich, »die Dinge unmissverständlich kommunizieren, weil sie erledigt werden müssen und für die Koordination von Haushalt, Kind etc. wichtig sind. Wickel mal hier, fütter mal da, bring auf dem Heimweg noch 'nen Salat mit. Am Samstagabend bin ich aus, oder hast du da schon was vor? Solche Sachen. Termine regeln, Prioritäten setzen. Dienstag schaue ich zum Beispiel gern Champions League mit Kumpels. Mittwoch hat Stefanie jetzt immer Klavierunterricht. Manche Termine sind einfach fix, um die muss man herumplanen. Im Mittelpunkt aber stehen die Morgen- und Abendabläufe. Wenn zu Hause alles zur Routine geworden ist, sind es dann doch die kleinen, unverblümten Ansagen, die wirklich gelernt und verstanden werden wollen. Anscheinend habt ihr da eben kein Problem damit. Bei uns gibt es noch manchmal Missverständnisse.«

### Kannst du - bitte - die Kinderklamotten zusammenlegen?

Ich erzähle danach eine Geschichte von vor ein paar Tagen, als Stefanie und ich uns wegen einer Kleinigkeit in die Haare gekriegt haben: Ich stand abends ziemlich angestrengt von einem langen Tag mit dem bald zehn Monate alten Johann am Herd, in der Hoffnung, ihn mit Pasta und Grießbrei etwas beruhigen zu können. Der hatte sich an meinem Bein hochgezogen, war laut am Schreien und schlug wütend die Ofentür auf und zu. Draußen stand unser Auto im Parkverbot. Mit Knöllchen. Schlüssel bei Stefanie. Offensichtlich hatte sie vergessen, es umzuparken, bevor sie ins Büro gegangen ist. Im Kinderzimmer hatte sich seit Tagen die Wäsche etlicher Maschinen gestapelt, die ich aufgehängt und abgenommen hatte, in der stillschweigenden Annahme, dass Stefanie den Rest erledigt. Hat sie aber die ganze Woche nicht gemacht. An diesem Abend jedenfalls kam sie mit einem gut gelaunten »Hallo, ihr zwei Lieben!« zur Wohnungstür herein. Meine Begrüßung: »Hey, wie war dein Tag? Den Strafzettel am Auto musst du selbst bezahlen. Und bitte, leg heute endlich mal die Klamotten von Johann zusammen.«

Stefanie verzog sich nach einem: »Menno! Was ist denn das für ein Ton!? Auf den hab ich ja gleich überhaupt keinen Bock« mit Johann auf dem Arm Richtung Wohnzimmer. Keine nette Begrüßung von mir, klar, aber ich war halt gerade etwas sauer. Natürlich hatte sie mit ihrer Reaktion recht. Ich hätte das auch anders loswerden können.

»Wir haben uns dann erst mal hingesetzt, um die Situation zu klären und zu sehen, wem hier Unrecht getan wurde«, erzählt Stefanie weiter. »Klar darf der Tobi mir das mit der Wäsche und dem Auto sagen, aber nicht, wenn ich gerade erst zur Tür rein bin. Und nicht in dem Ton. Das war halt nicht diplomatisch und ich entsprechend genervt.«

Es geht also immer auch um die Art und Weise, darum, wie wir uns mit unseren Hinweisen und Ansagen begegnen. An dem, was wir uns mitteilen wollen, gibt es meist gar nichts auszusetzen. Wer mit Partner oder Familie unter einem Dach wohnt, kennt die Situation. Mit dem 50/50-Modell kommt nur noch einiges an

Koordinationsaufwand hinzu. Teilt man sich den Haushalt und die Kinderbetreuung, dann gibt es eben mehr Ansagen zu machen. Und das ist auch o.k. so. Nach solchen kleinen Streitepisoden kuscheln Stefanie und ich meist schnell wieder gemütlich auf der Couch und freuen uns darüber, wie gut eigentlich alles bei uns läuft. Meistens sind es einfach nur der Stress und die Unberechenbarkeit des Kindes, die uns dazu verleiten, uns am anderen abzureagieren.

Chloé kommt gerade mit dem Nachtisch für uns alle vom Kühlschrank zurück. »Dude, hol noch mal ein paar Löffel. Bitte.«

Victor grinst und holt die Teelöffel. »Dann seid ihr vielleicht einfach etwas zarter besaitet als wir, oder? Dabei dachten wir, wir richten uns einfach danach, wie man in Berlin miteinander umgeht. Auf dem Amt geht es noch deutlich rauer zu als bei uns!« Da hat er wohl recht.

Wir sammeln im Gespräch einige allgemeine Regeln, an die man sich in der Kommunikation unter Partnern halten muss, wie wir meinen: aufrichtig und ehrlich sein! Ich-Botschaften formulieren! Sätze vermeiden, in denen »Du« mit »immer« oder »nie« kombiniert wird! Sich in die Situation des anderen versetzen! Konkret sein, wenn man sich mal beschwert! Mit Kritik immer in der Gegenwart bleiben und nicht alte Sünden rauskramen! Nicht verächtlich oder zynisch werden! Nicht unterbrechen und Augenkontakt suchen. »Ja ja, wir sollten gleich einen Ratgeber rausbringen«, scherzt Victor.

### Mal anders Urlaub machen als Camping

Chloé meint: »Wir haben vorhin die ganze Zeit über diese schnellen Hinweise und Kommandos im Haushalt und so gesprochen. Aber gehört zum Ansagen machen und den Regeln, die wir gesammelt haben, nicht auch, dass man lernt, seine persönlichen Bedürfnisse zur Sprache zu bringen? Was ist, wenn mich mal wirklich etwas stört?«

»Stimmt«, sagt Stefanie, »manchmal sind es doch etwas komplexere Bedürfnisse und nicht nur der Wunsch nach freien Arbeitsflächen in der Küche. Und die muss man erst mal selbst erkennen und einschätzen können, bevor man sich daran macht, sie dem anderen zu erklären.«

»Mir fällt gleich ein Beispiel ein«, sage ich. »Wir zwei waren doch, bevor Johann kam, meistens irgendwo in Frankreich, Italien oder Skandinavien mit unserem Wohnmobil unterwegs. Und meistens in den Bergen. Wenn man sich mit so einem Bus nicht auf einen Campingplatz stellt, dann eben irgendwo in die Pampa.«

»Ich hab auf die Art fast alle Urlaube als Kind verbracht«, wirft Steffi ein.

»Genau«, sage ich, »aber blöderweise sind die ersten Camping-Versuche mit Johann völlig in die Hose gegangen. Fieberanfälle, lauter Insekten, stundenlanges Schreien, das volle Programm. Was in mir eben das Bedürfnis geweckt hat, mit Kind einfach mal anders in Urlaub zu fahren. Keine Lust auf ständige Ortswechsel und den ganzen damit verbundenen Stress. Lieber mal Ferienhaus, Bauernhof oder sogar Hotel, statt mit dem Wohnmobil um (!) die Ostsee. Das musste ich Stefanie irgendwie klarmachen. Hab ich dann auch. Ruhig, entschieden und als mein ganz klares Bedürfnis. Sie war zwar enttäuscht, aber nur, weil sie schon lauter schöne Erwartungen hatte. Jetzt bringen wir in Zukunft einfach mehr Abwechslung in unsere Urlaube.«

Wahrscheinlich ist das Urlaubsbeispiel aber noch nicht stark genug. Schwierig wird es, wenn jemand das Gefühl hat, mit seinen Bedürfnissen zu kurz und in Partnerschaftsdingen oder der familiären Arbeitsteilung nicht zu seinem Recht zu kommen. Im

Alltag mit Kindern ist es nicht unbedingt zu erwarten, dass einem der Partner die Wünsche von den Lippen ablesen wird. Die Sachen im richtigen Moment und im richtigen Ton anzusprechen ist eine Fähigkeit, die noch etwas schwieriger zu erwerben ist als zu lernen, angemessen »räum doch mal bitte deine ganzen Schuhe ins Regal, ich falle schon drüber« zu sagen. Aber das Problem stellt sich eben auch nicht jeden Tag.

Ein starkes, persönliches Bedürfnis, das ich Stefanie vor Kurzem irgendwie mitteilen musste, betraf nicht den Urlaub, sondern den Alltag, genauer gesagt dessen Struktur. Ich bin jemand, der ziemliche Probleme hat, sich zu organisieren, wenn es nicht einige fixe Termine gibt, an denen ich mich orientieren kann. Ich will Sport machen an einem Abend (Montag) und auch gern öfter mal Champions-League-Spiele mit Freunden ansehen (Dienstag oder Mittwoch). Da weiß ich genau, wann die sind, und kann das auch langfristig planen. Wir haben es versucht, aber Stefanies Termine sind (bis auf Klavier am Mittwoch) leider alles andere als regelmäßig. Irgendwelche Veranstaltungen tauchen dann auf einmal in unserem Terminkalender auf. Oftmals spontan und natürlich an den Tagen, an denen ich mich schon verabredet habe. Dann heißt es von Stefanie: »Aber das ist voll wichtig für mich! Und das ist nur das eine Mal, mach du doch am Donnerstag was!« Geht aber nicht, weil meine eigenen Verabredungen auch nicht immer Zeit haben.

Schon mehrere Versuche, sich mal an einen festen Wochenplan zu halten, sind gescheitert, und das nervt mich. Ich dachte selbst immer, es klappt gut, wenn wir das so spontan machen. Das stimmt aber nicht. Wenn ich jedes Mal sage, »o.k., geh ich halt an einem anderen Tag klettern«, dann kommt mir auch da was dazwischen. Was dazu führt, dass ich viel zu selten Sport mache und tierisch unausgeglichen werde, weil ich mich nicht bewege. Also sage ich irgendwann zu Stefanie, dass wir das mit den festen Tagen einfach durchziehen müssen. Und wenn ich ein langweiliges Champions-League-Spiel in der Kneipe sehe und sie deswegen ein Konzert verpasst oder einen wichtigen Vortrag, dann ist das halt so. Muss sie sich halt einen Babysitter organisieren. Ich verzichte ja auch auf andere Sachen, wenn sie beim Klavierunterricht ist oder auf irgendwelchen politischen Treffen. Wenn wir es für ein paar Wochen schaffen, in unserer Aufteilung der Tage konsequent zu sein, geht es mir hervorragend. Und meinen Sport- und Fußballfreunden auch. Wenn Stefanie das Bedürfnis hat, es wieder anders zu handhaben, müssen wir neu verhandeln.

### Brauchen Männer klare Ansagen?

»Hey Leute«, sagt Chloé, als es kurz nach 23 Uhr ist, »wir müssen euch jetzt leider rausschmeißen. Die Girls wachen zurzeit superfrüh auf, weil es um halb 5 schon hell ist. Und ich muss jetzt unbedingt gleich ins Bett.«

»Kein Problem, geht uns genauso«, sage ich, »aber wisst ihr, was mir grade auffällt? Es ist doch ziemlich bezeichnend, dass du das sagst und nicht Victor, oder? Dem wäre das jetzt egal gewesen, oder?«

Victor nickt.

»Ist es denn eine besondere Fähigkeit der Frauen, Ansagen zu machen? Zumindest zu Hause?«

»Weiß ich nicht«, meint mein Kumpel, »ich musste es erst lernen, als ich mit Chloé zusammengezogen bin.«

Die hat inzwischen die Runde geschickt vor die Wohnungstür manövriert, und Stefanie und ich ziehen unsere Schuhe an. »Ihr seht schon, da bin ich gnadenlos. In fünf Minuten seid ihr draußen, hihi. Aber es stimmt schon. Bei mir im Verlag gibt es einige

Männer, die sich genau auf solche Plattitüden berufen wie ›Bei uns hat die Frau die Hosen an‹ oder ›Meine Frau hat zu Hause das Sagen‹ – nur, um irgendwie gleichberechtigt daherzukommen. Passiert gar nicht so selten.«

»Gut«, sagt Stefanie, »dann hätten wir das Thema auch noch abgehakt. Bis in einem Jahr dann, haha.« Wir lachen, verabschieden uns und gehen.

Chloé hat recht: Offensichtlich können manche Frauen besser Ansagen machen als viele Männer. In einer Reihe von Studien wurden in den letzten Jahren die Verhandlungsstrategien von Frauen und Männern in Haushalt und Familie untersucht. Fast einstimmig kommen sie zu dem Ergebnis, dass Frauen mit hohen Bildungsabschlüssen und hohem Einkommen ihre Forderungen – zum Beispiel nach mehr Beteiligung des Mannes – besser durchsetzen können als andere. Die amerikanische Soziologin Arlie Hochschild hat zudem herausgefunden, dass diese Frauen dabei ganz andere Strategien anwenden als Männer. Sie wählen nämlich viel häufiger den direkten Weg des aktiven Verhandelns. Das kann ich aus eigener Erfahrung nur bestätigen. Ich breche mir keinen Zacken aus der Krone, wenn ich sage, dass ich dank Stefanie auf diesem Gebiet viel besser geworden bin. Einfach deswegen, damit wir uns auf Augenhöhe begegnen können. Ich bin froh, dass sie das so gut kann und in unsere Beziehung mitgebracht hat. Der wichtigste Moment in dieser Hinsicht war sicher der, als Stefanie während der Schwangerschaft angeregt hat, dass wir jetzt mal über alles sprechen müssen, wie wir uns das zusammen so vorstellen. Es führt eher zu einer Lösung des Problems, wenn man mit einer Ansage startet und so eine klare Stellungnahme des anderen einfordert.

Viele Frauen zeichnen sich dem Psychologen und Paartherapeuten Arnold Retzer zufolge aber auch durch etwas aus, was dieser »resignative Reife« nennt. Den Sieg des *So ist es* gegen das *So soll es sein*. Einfacher könnte man sagen: Sie finden sich leichter mit Dingen ab, wenn sie wissen, dass sie sie nicht ändern können. Viele Männer setzen im Vergleich dazu viel eher auf Strategien wie das Verleugnen von Bedürfnissen (bis es halt kracht) oder das Ausweichen, etwa indem sie behaupten, »das kannst du doch so gut«, wenn es um Dinge geht, die im Haushalt zu erledigen sind. In diesen sozialwissenschaftlichen Beobachtungen findet sich bestätigt, dass überall dort, wo überhaupt über familiäre Arbeitsteilung gesprochen wird, Frauen der aktivere Part sind und Männer sich als passiv reagierend zeigen. Ein ziemlich ernüchterndes Ergebnis, wenn ich ehrlich bin. Für viele Männer heißt das unter Umständen, mit der Familiengründung in eine Ernährerrolle hineinzurutschen, die sie dann pflichtbewusst ausfüllen. Schaue ich mich in unserem Umfeld aber um, dann sehe ich heute auch viele Männer, die das Ansagen machen von ihren Partnerinnen ganz gut beigebracht bekommen haben.

# Putzuhren verschandeln die Küche und andere Weisheiten zur geteilten Hausarbeit.

*Stefanie*

Es ist 18:30 Uhr. Ich habe einen Homeoffice-Tag eingelegt und sitze mit einer großen Tasse Tee am Schreibtisch. Das mache ich immer, wenn ich schreiben muss. Schreiben kann ich am besten, wenn kein Telefon den Gedankenfluss unterbricht und keine Kolleginnen mit Bitten wie »Hast du mal dies und das« oder »Kannst du mal XY erledigen« vor mir stehen und mich ablenken.

Tobias scheint aber zu glauben, dass Homeoffice bedeutet, ich würde den Haushalt schmeißen und nebenbei ein bisschen arbeiten. »Du hättest ja wenigstens mal die Wäsche abhängen und die Spülmaschine einräumen können«, meint er, als er abends mit Johann vom Spielplatz nach Hause kommt. Heute war er damit dran, den Kleinen von der Tagesmutter abzuholen, und dann stand noch eine Runde Rutschen auf dem Programm.

»Nur weil ich heute von zu Hause gearbeitet habe, heißt das nicht, dass ich die Hausarbeit auch noch mache«, kontere ich entsprechend. Klar, manchmal wasche ich in einer Denkpause kurz das Geschirr ab, aber eben nicht immer. Arbeit geht vor Hausarbeit. Und wenn das Wetter gut ist, gehe ich zum Denken lieber eine Runde um den Block, als die Wäsche abzuhängen. Man gönnt sich ja sonst nichts. Und schon sind wir mittendrin im schönsten

Aufrechnungsstreit: Wer bitte hat denn am Wochenende die Wäsche gemacht, vorgestern die Spülmaschine ausgeräumt, und wer bringt eigentlich endlich das sich stapelnde Altglas weg?

In der Tat ist die gerechte Aufteilung der Hausarbeit eine der größten Herausforderungen einer 50/50-Beziehung. Denn es treffen so viele verschiedene Faktoren aufeinander: Das geht schon los mit unterschiedlichen Bedürfnissen, was Sauberkeit und Ordnung angeht. Wenn Tobias es ausreichend findet, das Klo alle zwei Wochen zu putzen, ich mich dann aber ekel, dann ist ja klar, wer als Erster zu Lappen und Reinigungsmittel greift: ich.

Außerdem putzt Tobias das Bad selten »richtig«, in den Ecken finde ich, auch nachdem er fertig ist, immer noch Dreck, er wischt die Fliesen in der Dusche nicht ab, und im Waschbecken sind da noch Kalkflecken. Also mache ich es lieber selbst. An anderer Stelle nerven mich die dreckigen Socken, die tagelang in der Schlafzimmerecke ihr trauriges Dasein fristen und den lieben langen Tag vor sich hin muffeln.

Tobias wiederum hasst es, wenn meine benutzte Kaffeetasse länger als zweieinhalb Minuten neben der Spülmaschine steht. Die kann man doch auch sofort wegräumen, meint er. Außerdem stört ihn, dass ich nach einem Homeoffice-Tag meine Bücher und meinen Rechner einfach auf unserem Esstisch – der gleichzeitig mein Arbeitsplatz ist – stehen lasse. Das verschandelt in seinen Augen das Wohnzimmer.

Die Frage, die sich bei all diesen Vorkommnissen stellt, ist: Wer muss sich an wen anpassen? Der unordentliche Part an den ordentlichen? Hat der saubere Partner einfach Pech gehabt mit den Ansprüchen, die vom anderen als überhöht angesehen werden? Oder muss der unordentliche Part notgedrungen zum Wischlappen greifen, auch wenn der Dreck ihn gar nicht stört?

## Wann ist die beste Zeit fürs Putzen? Nie, natürlich.

Haushaltsarbeit muss gemacht werden. Und man muss dafür zu Hause sein. Aber was ist, wenn man dort auch noch das Kind betreut? Wird die Hausarbeit dann nebenbei erledigt – soweit Johann das zulässt? Oder nutzt man die Zeit mit dem Kind als sogenannte Quality Time? Also, um möglichst spannende und kindgerechte Dinge mit ihm zu unternehmen? In den Park gehen, schwimmen, Spielcafé … Dann bleibt zu Hause natürlich alles liegen und muss abends erledigt werden, wenn der Kleine im Bett ist. Oder am nächsten Tag, wenn der Partner wieder dran ist.

Und dann gibt es natürlich das Problem, die Aufteilung zu messen: Haushaltsarbeit lässt sich nicht so einfach in Zeiteinheiten darstellen, weil sie ja auch immer mal zwischendurch anfällt. Arbeit und Kinderbetreuung sind hingegen ganz klar stundenweise verteilt: Heute kümmere ich mich drei Stunden um Johann, dafür kann ich sechs Stunden arbeiten, morgen ist es andersherum. Mal zwischendurch kochen oder die Waschmaschine anschmeißen, das macht man eben. Wie kann man da herausfinden, wer wie viel erledigt?

Wir haben verschiedene Dinge ausprobiert, um in dieses Haushaltsproblem irgendeine Form der Vergleichbarkeit zu pressen. Versuch Nummer eins war das Anlegen einer Excel-Tabelle, in der jeder von uns genau eintrug, wann er was wie lange gemacht hat. Das Resultat: Unsere Wohnung war nie aufgeräumter! Die benutzte Tasse wurde sofort in die Spülmaschine geräumt, und dreckige Socken waren schneller gewaschen als ausgezogen: Um zu beweisen, dass jeder von uns mehr macht als der andere, haben wir uns beide immer sofort um alles gekümmert. Ein regelrechter Wettbewerb war das.

Den Siegerpokal bekamen: wir beide. Nur leider war der Feuereifer, mit dem wir bei der Sache waren, nicht von Dauer. Als nach einer Woche Versuchsanordnung auf dem Papier herauskam, dass wir jeder ungefähr 15 Stunden die Woche in die Arbeit zu Hause investiert hatten, war klar, dass diese Methode zum Scheitern verurteilt ist. Niemand braucht 30 Stunden in der Woche, um eine Dreieinhalb-Zimmer-Wohnung sauber zu halten. Selbst meine Großmutter, bei der man vom Boden essen konnte, hat nicht so viel Zeit investiert. Ein anderes Problem war, dass wir gefühlt immer noch der Meinung waren, jeder von uns würde mehr im Haushalt machen, obwohl da schwarz auf weiß stand, dass das nicht der Fall war. Wahrscheinlich lag es einfach daran, dass wir eine künstliche Situation geschaffen hatten, in der wir vor allem uns selbst kontrollierten. Und dadurch nicht mehr normal verhielten. Außerdem ist der Kontrollblick belastend für die Beziehung, weil er sagt: »Ich vertraue dir nicht, ich muss dich noch erziehen.«

Also setzen wir uns zusammen und überlegen noch mal. Vielleicht sollten wir das Pferd von hinten aufzäumen: Wer sollte welche Aufgaben übernehmen? Wie reagieren wir, wenn sich einer von uns nicht an die Erledigung von verabredeten Aufgaben hält? Und warum ist das erst jetzt Thema, obwohl wir doch schon länger zusammenwohnen? Wie war es eigentlich, bevor Johann geboren wurde?

Komischerweise haben wir damals selten über den Haushalt gesprochen. Aber schon da mussten wir feststellen: Wir putzen sehr unterschiedlich. Während Tobias mehr für die kleinen Dinge des Alltags zuständig ist, also das tägliche Spülmaschineausräumen, war ich eher für die zeitaufwendigen Sachen da. Böden wischen, Kühlschrank säubern und so. Und natürlich mach ich auch Wäsche oder spüle. Aber vielleicht tatsächlich ein bisschen seltener als er. Früher haben wir alle zwei Wochen gemeinsam Großputz gemacht. Das geht jetzt zum Beispiel nicht mehr, weil einer ja auf das Kind aufpassen muss. Johann mit seinen 10 Monaten bleibt gerade maximal 15 Minuten bei einem Spiel, bevor er sich langweilt und von uns bespaßt werden will. Also vielleicht abwechselnd? Und was und wie? Vielleicht muss eine Putzliste her!

Moment. Putzlisten. Das hatte ich schon mal. Ich habe ja, bevor ich mit Tobias zusammengewohnt habe, immer in WGs gewohnt. Ich kenne alle Arten von Putzlisten des Universums. Denn: Ja, eine Putzliste bietet Raum für Kreativität.

In der einen Variante ist einer eine Woche lang für alles komplett dran: Putzt dann einen Tag die ganze Wohnung, spült immer etc. Oder: Eine Woche hat man nur Spüldienst und die Woche danach nur Kehrdienst. Die Möglichkeiten zur Kombination sind zwar nicht unendlich, aber doch groß. Eine besonders kreative Variante der Putzliste ist die »Putzuhr«. Das ist eine selbst gebastelte Uhr aus buntem Papier, auf der anstelle von Zahlen die Namen der Wohnungsbewohner vermerkt werden. Der Zeiger zeigt also den Namen desjenigen an, der nun mit Putzen dran ist. Je nach Talent und Ehrgeiz des Bastlers werden zur besseren Erkennbarkeit verschiedene Farben für die Personen verwendet. Auf den ersten Blick ist die Putzuhr praktisch, weil man keine Listen führen muss. Ein Blick genügt, und man weiß, wer gerade dran ist. Und wenn die Person geputzt hat, stellt sie den Zeiger einfach auf den nächsten Namen. Nett.

Doch leider gilt: Das Ganze funktioniert nur so gut, wie alle Beteiligten sich daran halten. Wenn sich zehn Zentimeter Staub auf dem Zeiger angesammelt hat – und nicht nur dort –, muss man doch wieder alles aushandeln. Und wenn sich alle ohne Aushandeln dran halten, dann braucht man keine Putzliste mehr. Dann weiß eh jeder, wann er dran ist, ist rechtzeitig genervt vom schlierigen Küchenboden und putzt einfach von selbst. Dazu kommt, dass die Putzuhren nach kürzester Zeit sehr schäbig aussehen. Von Kochdampf gewellt, mit Fettspritzern versehen, von der Sonne ausgebleicht, fristen sie ihr trauriges, meist unbeachtetes Dasein auf irgendeiner Pinnwand oder unter dem Kühlschrankmagneten.

### Kloreiniger rein, umrühren, abziehen

Ich will natürlich nicht, dass Tobias oder ich auszieht, und wir sind keine Härtefälle. Vielleicht sollten wir uns einfach mal entspannen und die Putz-Angelegenheit als das betrachten, was sie hoffentlich auch ist: ein Rauschen im sonst gut funktionierenden System. Mit Gesprächen und gegenseitigem Verständnis lässt es sich regeln.

Und genau so war es dann auch. Nicht Listen, Uhren oder Apps braucht man, um sich auf einen gemeinsamen Putzmodus zu einigen, sondern etwas ganz anderes: die Bereitschaft dazu, eigene Schwächen und Stärken zu erkennen, die Bedürfnisse des anderen ernst zu nehmen und eingeschliffene Gewohnheiten zu ändern. Der Rest ist nebensächlich und kann bei der Organisation helfen, aber die Bereitschaft ist das, was wirklich zählt.

Wie das geht, beschreibe ich jetzt. Vorher aber gilt: Achtung, ich übernehme keine Haftung, wenn es bei besonders hartnäckigen Fällen nicht gelingt. Ich fürchte, da bleibt nur: Personal einstellen (wer das Geld hat), auseinandergehen oder kapitulieren und sich mit der Situation irgendwie arrangieren.

Also. Es geht damit los, sich überhaupt darüber klar zu werden, was einzelne Aufgaben für den jeweils anderen bedeuten. Nehmen wir mal das schöne Beispiel Kloputzen.

Für mich ist das eine wichtige Angelegenheit, schließlich geht es hier nicht nur um Hygiene, sondern auch um einen Ort, an dem wir immerhin rund drei Jahre unseres Lebens verbringen. Habe ich mal gelesen. Deswegen braucht es eine Menge Utensilien, um es in Schuss zu halten, damit wir uns auch jeden Tag wieder aufs Neue hineinwagen möchten: Putzhandschuhe zum Beispiel, einen Eimer mit heißem Wasser, ein Mikrofasertuch, einen Schwamm für das Innere, Desinfektionsspray und WC-Reiniger.

Hat man all das beisammen, dann heißt es: Musik ins Ohr, Putzhandschuhe übergestreift und los geht's. Die Porzellanschüssel und der Spülkasten werden von Staub und was man sonst so an Dreck im Bad findet (Haare!) befreit. Der Schwamm kommt im Inneren der Schüssel und auf der Klobrille zum Einsatz – der etwas eklige Teil, zugegeben. Danach wird es wieder etwas entspannter, wenn der WC-Reiniger reingeschüttet wird, der mindestens 60 Minuten zieht (genügend Zeit, um sich einen Kaffee zu machen und ein bisschen Zeitung zu lesen). Anschließend die Klobrille mit Desinfektionsspray bestäuben und Deckel zu. Zu guter Letzt muss dann nur noch die Kloschüssel mit der Bürste von Urinstein befreit werden. Fertig.

Für Tobias bedeutet Kloputzen: viel WC-Reiniger reinschütten. Umrühren. Abziehen.

Der Fairness halber muss ich zugeben, dass es auch Dinge gibt, bei denen ich schlampig bin. Töpfe spülen zum Beispiel, das findet Tobias total wichtig und ich nicht so. Mein Motto ist da eher: »Der Dreck geht ja auch beim Abtrocknen ab.« So hat aber eben jeder seine Marotten, mit denen der Partner umgehen muss.

Das Beispiel Kloputzen veranschaulicht sehr gut, was das Problem ist. Wenn nicht beide verstehen und sich darüber einig sind, was Kloputzen bedeutet, dann geht jeder weiterhin von seiner eigenen Vorstellung aus und setzt diese automatisch als Standard an. Da Tobias seinen und nicht meinen einhält, mache ich permanent Stress und fühle mich benachteiligt, weil ich mehr schuften muss. Tobias versteht gar nicht, was das Problem ist und denkt: »Ich habe doch das Klo geputzt, was meckert die denn noch?« Logisch, dass daraus Streit entsteht.

Die wenigsten Paare starten einen wirklich ernst gemeinten Versuch, in dieser Situation einen Schritt zurückzutreten, um zu klären, was Kloputzen überhaupt heißt. Stattdessen schreiben sie sich als hoffnungslose Fälle ab und ärgern sich übereinander. »Männer sind halt so«, denkt die Partnerin des unordentlichen Mannes. »Frauen sind halt so«, denkt der Partner der Frau, der die Putzleistung des Mannes nie ausreicht.

Es ist sicherlich so, dass zwei Menschen nie völlig identische Standards von Hausarbeit – oder irgendetwas anderem! – haben können. Genau deswegen muss eben erst Einigkeit darüber herrschen, was wirklich wichtig ist, bevor man die Arbeit verteilt.

Für das Kloputzen bedeutet das nun: Wir putzen nach meinem Standard alle zwei Wochen und in der Woche dazwischen nach Tobias' Art. Eigentlich ganz einfach.

Grundlegend bedeutet das: Man setzt sich einmal zusammen und schreibt alle Tätigkeiten, aus denen sich Streit ergibt, auf. Wohlgemerkt: Das betrifft nur die Tätigkeiten, bei denen man im Laufe der Zeit gemerkt hat, dass sie für Unmut sorgen. Bei uns wäre das so etwas wie: eben Klo putzen und Töpfe spülen, aber auch Schuhe wegräumen und unsere Küchenschränke sauber halten. Wir besprechen, was uns stört und wie wir es gerne hätten. Dann legen wir fest, was der Standard jeweils sein, wie oft geputzt oder aufgeräumt werden soll, aber auch, wie genau und welche Priorität es haben sollte. Wir haben uns sogar entschieden, das alles aufzuschreiben, damit man im Zweifel immer mal wieder nachschauen kann. Das hört sich jetzt nicht besonders nach Gaudi an. Aber tatsächlich macht es sogar ein bisschen Spaß. Einfach weil man weiß, dass man nun gemeinsam einige Probleme und Streitpunkte weniger hat. Gemeinsame Problemlösung, das verschafft tatsächlich eine unglaubliche Befriedigung. Denn wir wissen: Nie wieder müssen wir uns wegen dieser Lappalien streiten. Wem es hilft, der kann sich zu diesem trockenen Gespräch auch eine Flasche guten Wein oder eine Familienpackung Schokoladeneis gönnen.

Natürlich wird es nach wie vor Abweichungen geben. Aber es genügt häufig ein Hinweis oder ein Blick in die Schublade, um den anderen daran zu erinnern, dass er sich nicht an die Abmachung gehalten hat. Niemand kann sich rausreden. Dadurch ist die Anspannung raus. Jedem Paar, das sich über das Thema Haushalt in die Haare kriegt, rate ich von ganzem Herzen zu diesen Gespräch, auch wenn es erst mal ein zeitaufwendiger Arbeitsschritt zu sein scheint, auf den man eher keine Lust hat.

Wahrscheinlich haben auch wir deswegen erst alles andere versucht und uns dann daran gewagt. Aber wir haben festgestellt: Man muss nicht alles detailliert besprechen. Nur die Sachen, die wirklich immer wieder stören. Und die Liste in der Schublade ist auch nicht in Stein gemeißelt, kann geändert und ergänzt werden.

### Aufteilung ist nicht gleich Aufteilung

Kommen wir nun zu Punkt zwei: Die Aufteilung der Zeit. 50/50 bedeutet ja eben, dass wir beide ähnlich viel Zeit für die Lebensbereiche Kind/Familie, Haushalt, Arbeit, Freizeit haben. Es gibt aber zwei Gründe, warum man bei der Haushaltsarbeit anders verfahren sollte als bei der Zeit, die man mit dem Kind verbringt. Zum einen lässt sich – wie oben beschrieben – die Hausarbeit schlecht in Zeiteinheiten fassen. Es ist also nicht sinnvoll zu sagen: Du machst drei Stunden, ich mach drei Stunden. Zum anderen baut man zu Hausarbeit keine Beziehung auf, wie man das zu einem Menschen tut. Bei der Zeit, die wir mit dem Kind verbringen, geht es darum, dass beiden Elternteilen die gleiche Nähe zum Kind zugestanden wird. Ich habe aber noch kein Paar kennengelernt, bei dem ein Partner eifersüchtig auf die engere Beziehung des anderen zur Spülmaschine oder der Kloschüssel war. Deswegen kann man die Hausarbeit natürlich auch so aufteilen, dass einer exklusiv für eine Sache zuständig ist und der andere exklusiv für eine andere. Wir handhaben das mittlerweile bei der Aufteilung von Bad und Küche so: Ich putze gerade alle zwei Wochen das Bad komplett, Tobias die Küche. Damit es nicht zu eingefahren wird, tauschen wir das dann nach ungefähr einem Jahr.

Wir versuchen dabei zu vermeiden, alles nach Geschlechterstereotypen aufzuteilen. So habe ich zum Beispiel gemerkt, dass ich mich sehr gerne ums Auto kümmere, außerdem bin ich gut darin zu erkennen, ob ein Mechaniker uns übers Ohr hauen will. Tobias hat einen grünen Daumen und ist ein Ass in Sachen Balkonbepflanzung. Und er liebt es, Löcher zu bohren. Dann halte ich eben den Staubsauger.

Einige Hausarbeiten lassen sich gut nach dem Prinzip »jeder die Hälfte« verteilen. Bei der Essensplanung verfahren wir so: Jeder ist drei Abende die Woche für das Abendessen zuständig. Pizza holen oder Pommes in den Backofen schieben ist auch zulässig, aber der Gesundheit zuliebe sehen wir davon meistens ab. Einmal die Woche gehen wir auswärts essen.

Andere Aufgaben erledigen wir nach dem Prinzip »wie es passt«: Milch einkaufen, tanken, das sieht man dann eben, wenn es anfällt, und macht es schnell auf dem Heimweg. Wäsche zusammenlegen und bügeln verteilen wir wiederum nach dem »jeder für sich«-Prinzip.

Es gibt also viele verschiedene Möglichkeiten, wie man sich aufteilt. Nur logisch, dass es ein bisschen dauert, bis man als Paar den besten Modus gefunden hat. Auch gibt es immer wieder Dinge, die in der Theorie praktikabel oder gerecht erscheinen, in der Praxis dann aber nicht mehr. So hatten wir mal angedacht, dass jeder wochenweise für den kompletten Einkauf zuständig ist. Aber das scheiterte daran, dass Johann eine Art Supermarktallergie entwickelt hatte, die sich in Brüllarien äußerte und einen halbwegs konzentrierten Einkauf mit Kind unmöglich machte. Seitdem handhaben wir das Einkaufen nach dem Prinzip »wie es gerade am besten passt«, also wie das Kind drauf ist und wer gerade auf dem Heimweg noch etwas mitbringen kann. Und das ist wunderbar.

Es gibt noch eine Sache, die landläufig nicht zur Hausarbeit gerechnet wird, die man aber auch mitbeachten kann, wenn es hier zu Unstimmigkeiten in der Beziehung kommt: sich um Verwandte und Freunde kümmern. Einladungen für den Kindergeburtstag schreiben, Weihnachtsgeschenke besorgen oder den Familienbesuch bei Tante Margot planen. Das macht nicht immer Spaß, und manchmal wird es zu einer Pflicht, die häufig unausgesprochen im Aufgabenbereich der Frau landet. Wir hatten, was diesen Bereich angeht, aber bisher nie Auseinandersetzungen: Ich kümmere mich um meine Verwandten und Freunde und Tobias um seine. Um die gemeinsamen kümmern wir uns gefühlt abwechselnd, ohne dazu groß einen Plan aufstellen zu müssen. Und Geschenke für das Kind kaufen wir eh so gerne, dass wir uns da nicht abwechseln müssen. Das ist etwas, wovon wir uns – mit Blick auf den Kontostand – eher gegenseitig abhalten müssen.

Die Mühe, alle diese Dinge durchzugehen und eine gerechte Aufteilung zu suchen, lohnt sich wirklich. Ernsthaft. Weniger Streit um Haushaltsarbeit tut einfach gut, und wenn es läuft, ist das für alle eine tolle Sache. Auch wenn es erst mal seltsam anmuten kann, sich dem Thema Hausarbeit, die man ja so irgendwie nebenbei macht, so viel Aufmerksamkeit zu widmen. Wenn sich die neue Aufteilung eingeschliffen hat, dann wird das Thema langsam aber sicher wieder zum Nebenbei, das kann ich versprechen.

# Männliche Arbeitskulturen.

## Tobias

Ich kann von Glück sagen, dass ich an der Uni einen Chef habe, mit dem ich meine An- und Abwesenheiten im Büro während der vorlesungsfreien Zeit und auch die Elternzeit sehr gut aushandeln konnte. Der mich sogar ermutigt hat, Elternzeit zu nehmen. Obwohl ich mich sehr gut auf das Gespräch vorbereitet und genug Argumente parat hatte, kam ich gar nicht dazu, sie alle anzubringen. Im Vergleich zu den vielen heftigen Geschichten, die manche Mütter und Väter am Arbeitsplatz erleben, scheine ich selbst eine Ausnahme zu sein. Aber klar, mein Arbeitgeber ist der Staat, und wenn der sich nicht an seine eigenen Gesetze halten würde – in diesem Falle das Antidiskriminierungsgesetz, offiziell Allgemeines Gleichbehandlungsgesetz (AGG) genannt –, wäre das ein fatales Zeichen. An den meisten anderen Arbeitsplätzen in diesem Land ist es mit dessen Wirksamkeit aber leider anders gelagert, wie mir meine Freunde zu berichten wissen.

Da wäre mein alter Schulkamerad Thomas. Typ sportlich, gut aussehend, Mathe/Physik-LK und bei allen beliebt. Er hat sich schon während seiner Zeit bei der Bundeswehr für eine duale Ausbildung bei einem großen deutschen Automobilkonzern entschieden. Als er 20 Jahre alt war, hat er sie angefangen, er machte Station im Ausland und wurde nach seinem Abschluss mit 26 übernommen. Fest angestellt, mit Weihnachtsgeld und allem Pipapo. Sein Karrierepfad zeigte steil nach oben, führte ihn in die ambitioniertesten und innovativsten Projekte des Konzerns, natürlich mit 50-Stundenwoche und häufigen Ausreißern nach oben. Mit 30 wurde er Vater, mit 32 ein zweites Mal, danach heiratete er seine Freundin. Alles lief prima, er liebte seinen Job und hatte alle Anerkennung. Ein Traum.

Als das zweite Kind ein paar Monate alt war, bekam Thomas' Frau Anke jedoch ein gutes Angebot, wieder in ihren Beruf als technische Assistentin in der pharmazeutischen Forschung einzusteigen. Den hatte sie knapp vier Jahre zuvor aufgegeben, um sich ganz um das erste Kind kümmern zu können. Anke wollte aber nun sehr gern zurück in die Berufstätigkeit. Thomas fand das gut und entschied sich, Elternzeit zu nehmen, weil er so auch die Gelegenheit bekam, zum ersten Mal wirklich Teil des Familienalltags zu werden. Bisher fand er für seine Töchter ja nur am Wochenende statt. Im Unternehmen kündigte er an, sechs Monate Elternzeit nehmen zu wollen, um den Übergang in die Berufstätigkeit seiner Frau und eine umfassendere Betreuung der jüngeren Tochter zu ermöglichen. Wie sich herausstellte, war es mit der stets behaupteten Familienfreundlichkeit des großen Konzerns aber nicht weit her. Beteuerungen aus der Personalabteilung (»Aber wir *sind* ein familienfreundliches Unternehmen!«) widersprachen den Aussagen des Abteilungsleiters, der meinte: »Elternzeit? Super Idee, prinzipiell ja und immer gern, aber nicht jetzt, Thomas, momentan bist du bei uns wirklich unersetzlich!«

Thomas wäre aber nicht Thomas, wenn er diese Ansage so hinnehmen würde. Er wusste, dass es durchaus möglich war, sich für diesen ja sehr überschaubaren Zeitraum vertreten zu lassen. Also setzte er seinen Plan um und nahm die ihm gesetzlich zustehende Elternzeit, die er immer noch genießt und die ihn nachdenklich werden ließ, was seine bisherige Verfügbarkeit für seine Familie angeht. Gespräche, die er während dieser Zeit mit Kollegen führte, ließen ihn außerdem erahnen, dass sich nach seiner Rückkehr in den Job einige Dinge ändern würden: Er ist im Ansehen seines Chefs und seiner Kollegen gesunken. Und tatsächlich hing ihm, als er wieder auf seinen Arbeitsplatz zurückkehrte, das Label des Familienmenschen an, von dem ab jetzt keine Höchstleistungen mehr zu erwarten waren. Dem Gefühl nach war das Mobbing.

Damit hatte Thomas nicht gerechnet. Dass jüngere, ehrgeizige Kollegen, die sich ihrerseits profilieren wollen, Väter wie ihn nicht ernst nehmen. Seine Leitungsfunktion existierte auf einmal nur noch auf dem Papier, er hatte nicht mehr am Kommunikationsfluss und den Abläufen teil, auch deswegen, weil er nach der Arbeit nach Hause ging und nicht mit den Kollegen Bier trinken oder Sport machen. Der Vorgesetzte wollte ihn wegloben, auf einen der Posten, »wo Familie und Job vereinbar sind«. Thomas wurde klar, dass er – mit 33 – im geliebten Job entweder aufs Altenteil gehen kann oder die Firma verlassen muss. Also kündigte er, machte sich mit einem Kollegen selbstständig und produziert nun Batterieelektrik für Elektroautos.

Thomas erzählt mir diese Geschichte rückblickend als Erfolgsstory. Weil er sieht, wie sehr sich die Situation zu Hause zum Positiven verändert hat, seit seine Frau wieder arbeitet und er sich als Selbstständiger mehr Zeit für die Familie nimmt, wird ihm an ganz verschiedenen Punkten klar, wieso ein gleichberechtigteres Modell als bisher großen Sinn macht. Zu Hause gibt es endlich ein konkretes »Wir«, also viel mehr Dinge, über die man sprechen kann und die gemeinsam geregelt werden. Er schämt sich sogar ein wenig, weil ihm die Perspektive seiner Frau und der Kinder vorher egal oder unbekannt war. Er ärgert sich über seinen ehemaligen Chef, auf dessen Loyalität er nicht zählen konnte, als es darauf ankam. Wieso hat er beim ersten Kind gar nicht darüber nachgedacht, die ihm zustehende Elternzeit zu nehmen? Jetzt sagt er nämlich: »Wer sich als Mann dieses Privileg nicht nimmt, ist selbst schuld und blöd.« Die Arbeitswelt, deren Teil er so lange war und in der er sich äußerst aufgehoben fühlte, hat ihm diese Option einfach vorenthalten.

### Wer hat die längste Arbeitszeit?

Es wird niemanden überraschen, dass Stefanie und ich der Überzeugung sind, bei der Prägung von Rollenbildern sei deutlich mehr Erziehung im Spiel als Biologie. Dass unser Sohn im Moment ausschließlich mit Bällen, Autos und Baggern spielt, bringt uns deswegen aber nicht zur Verzweiflung. Problematisch sind Auffassungen über die vermeintlich »wahre Natur« vor allem dort, wo Frauen und Männer im gesellschaftlichen Alltag getrennten Bereichen zugeordnet und damit ihre Möglichkeiten stark eingeschränkt werden.

So lebt heute ein Großteil der Arbeitswelt in Deutschland noch massiv von der Vorstellung vom idealen Mann als ehrgeizig und wettbewerbsorientiert, von Natur aus vorgesehen für die harten Anforderungen des Marktes sowie für die Rolle des Familienernährers. Puh. Entsprechend gibt es klare Vorstellungen davon, wie Frauen »sind« und was sie »am besten können« – Familien und Fürsorge –, und daraus resultiert eben eine Ungleichbehandlung oder im extremen Fall der Ausschluss aus bestimmten Gruppen oder Zusammenhängen. So eine exklusive Männerwelt – mit der obligatorischen Frau hie und da – findet man heute noch in vielen Bereichen der Arbeitswelt. Je höher auf der Hierarchieebene man schaut, desto männlicher wird's.

Manche Abteilungen oder Firmen sind gar reine Männergemeinschaften. Diese leben nicht nur von der Abwesenheit von Frauen, sondern von einer komplexen Rang- oder Hackordnung unter den Männern, von engen Erwartungen und Vorstellungen vom idealen Mann. Das Problem an der ganzen Sache ist leider, dass diese Regeln nur wenigen Männern dauerhaft guttun. Thomas zum Beispiel fand diese Zugehörigkeit eine Weile lang super, aber das Blatt wendete sich erschreckend schnell – er wurde ausgestoßen, als er die Rolle des leistungswilligen, bedingungslos loyalen Players auf der Arbeit gegen die eines aktiven Vaters eingetauscht hat. Solange Männer Angst haben, gegen die strikten Normen dieser Arbeitswelten anzugehen und sich zu nehmen, was ihnen zusteht – nämlich angemessen Zeit für die Familie –, so lange bestätigen sie dieses sehr einseitige Männerbild.

Auf diese Weise geprägte männliche Arbeitskulturen findet man in Deutschland insbesondere in der Automobil- und Chemieindustrie, bei Ingenieuren, in vielen Handwerksberufen, aber auch und gerade in der Finanzwelt. Die Anzahl an Arbeitsstunden wird zu einem Messwert für Männlichkeit. Lange arbeiten und wenig schlafen ist eine heroische Angelegenheit, und die Alphamännchen sind die mit dem größten Schlafdefizit.

Auch Thomas erzählt von solchen Einstellungen, vor allem unter den jungen Kollegen. Es ist eine Art Wettbewerb um die größte Ausdauer. Nur wer seine Erschöpfung überzeugend zeigen kann, ist ein erfolgreicher Mann. Wer schlappmacht, hat nur kurz Zeit, um wieder in die Spur zurückzukommen. Duschen, ein paar Stunden Schlaf und dann zurück in die Mühle. Die Sache wird dadurch noch zugespitzt, indem man auch außerhalb des Büros mit den Kollegen Zeit verbringt und den Wettbewerb zum Beispiel in den Sport verlagert. Thomas wird heute gleichzeitig nostalgisch und verärgert, wenn er davon erzählt, schließlich hat er eine Zeit lang das Spiel erfolgreich mitgespielt.

Der Männerforscher Michael Kimmel bezeichnet es sogar als pervers, dass junge Männer (und natürlich mittlerweile auch

Frauen) komplett aus den Augen verlieren, dass ihr Job nicht ihr Leben ist. Umso härter trifft es sie, wenn sie sich aus dieser totalen Welt verabschieden sollen oder deren Regeln irgendwann mit den eigenen Einstellungen zu Partnerschaft und Familie kollidieren. Von den gesundheitlichen – und langfristig volkswirtschaftlichen – Konsequenzen überlanger Arbeitszeiten über Jahre hinweg mal ganz abgesehen. Psychische Krankheiten wie Burn-out sind nicht umsonst ein Riesenproblem. Thomas hat zwar den Ausstieg geschafft, trotzdem möchte ich nicht verschweigen, dass er weiterhin der Ernährer seiner Familie ist. Nur eben als Selbstständiger mit viel mehr Freiheiten.

Männliche Alleinverdiener genießen auf dem deutschen Arbeitsmarkt aber nach wie vor ein höheres Ansehen als Väter in Doppelverdiener-Familien und solche, die Teilzeit arbeiten oder gar ganz zu Hause bleiben. Wer sich bei einem Vorstellungsgespräch als jemand gibt, der bereit ist, sich voll für seine Familie reinzuhängen, indem er viel arbeitet und »ranschafft«, der hat oft deutlich bessere Karten, die Stelle zu bekommen, als der Kandidat, der meint, seine Familie solle ihn auch unter der Woche zu sehen bekommen. Studien belegen, auf welche Weise Männer im Job Benachteiligungen erfahren, wenn sie sich als aktive Väter outen. Das geht von schlechten Bewertungen über den Ausschluss vom Gespräch unter Kollegen bis hin zu Mobbing oder Kündigung. Und nicht alle haben das Privileg, sich mal eben wie mein Freund Thomas selbstständig zu machen und sich so dem Problem zu entziehen.

Dabei könnte es auch ganz einfach anders sein: Die große Mehrheit derjenigen Männer, die mehr als 50 und 60 Stunden die Woche arbeiten, würde sich gerne im Bereich von 40 Stunden bewegen. 80 Prozent der Befragten geben in einer Studie der BerufundFamilie GmbH an, ihr bisheriges Pensum auch in dieser Zeit bewältigen zu können. Lange Arbeitszeiten seien oft nur ein Resultat schlechter Planung und des Zwangs, sich gegenseitig etwas beweisen zu müssen. Dieser Zwang ist in starkem Maße auf Veränderungen der Arbeitswelt im 20. Jahrhundert zurückzuführen, genauer gesagt auf das Ende des Industriezeitalters. Die körperliche Arbeit in der Produktion verliert seit den 1960er Jahren mehr und mehr an Bedeutung, kommt heute überhaupt nur noch in wenigen Berufssparten vor. Für Männer ist es aber seit jeher wichtig, sich durch körperliche Tätigkeiten zu definieren. Das ist aber nur noch bedingt möglich. Der Ersatz sind lange Arbeitszeiten.

Eine Erklärung für diesen Zwang, sich beweisen zu müssen, ist die, dass Männlichkeit eben nicht angeboren ist, sondern immer wieder erarbeitet und verteidigt werden muss. Der Arbeitsplatz ist deswegen ein Ort, an dem eigentlich viel mehr als in der Familie Rollenbilder geschaffen und reproduziert werden. Es würde helfen, wenn das mehr Menschen klar wäre.

Thomas äfft heute gerne die Frau aus der Personalabteilung nach, wie sie ihm sagte: »Aber wir *sind* ein familienfreundliches Unternehmen! Sie können nur zum jetzigen Zeitpunkt keine Elternzeit bekommen, weil *Ihr Projekt* Sie nicht ersetzen kann!« Sie hat es sicher ernst und auch ehrlich gemeint und war vielleicht auch ein wenig verzweifelt. Das Beispiel offenbart allerdings, dass sich Unternehmen nicht einfach Familienfreundlichkeit als (PR-)Maßnahme verordnen können, sondern dass ein kultureller Wandel stattfinden muss. In manchen Branchen müssen jene männlich geprägten Arbeitskulturen geradezu von unten aufgebrochen werden, damit eine Forderung wie die von Thomas Normalität wird.

## Männer und Teilzeit

Tim, der Mann von Stefanies Freundin Amina, arbeitet seit drei Jahren 30 Stunden die Woche und managt das Büro von drei Architekten. Stefanie weiß aber erst seit einem Jahr, dass dies kein Vollzeitjob ist, sondern 75%. Tim hat es lange Zeit verschwiegen, einfach um blöden Fragen aus dem Weg zu gehen, sagt er. Erst langsam hat er sich damit arrangiert, irgendwann hat es sein Umfeld dann mitbekommen. Dass er sich die meiste Zeit um die beiden Söhne kümmert, haben die Leute einfach ignoriert. Vielleicht dachten die, Amina würde das alles erledigen.

»Männer arbeiten nicht Teilzeit.« Diese Aussage gibt deutlich eine gesellschaftliche Haltung wieder. Männer haben Angst vor einer daraus resultierenden Ablehnung und sprechen nicht darüber. Teilzeit hat fast denselben Status wie Arbeitslosigkeit. In den wenigsten Fällen ist die halbe Stelle eine bewusste Wahl, etwa weil die andere Hälfte der Zeit für die Kinderbetreuung draufgeht. Fast überall dort, wo Männer heute Teilzeit arbeiten, tun sie das, weil ihre vollen Stellen abgeschafft wurden oder sie keinen 40-Stunden-Job gefunden haben. Und meistens arbeiten sie dann außerhalb ihrer Qualifikationen. Wenn einem heute auch immer häufiger Portraits neuer Väter begegnen, die sich gut in ihrer Rolle als Teilzeiterwerbstätige eingefunden haben – es darf nicht davon ablenken, dass Teilzeit für Männer ein Stigma bedeutet.

Dieser kulturelle Status von Teilzeitarbeit bei Männern deckt sich ironischerweise überhaupt nicht mit den zum großen Teil positiven Erfahrungen, die Unternehmen tatsächlich mit Teilzeitmodellen machen. Anscheinend weiß nur keiner davon. 2009 berichtete die Wirtschaftszeitschrift *brand eins* über Paare, in denen mindestens ein Partner in Teilzeit arbeitete. Alle interviewten Personen und auch alle interviewten Experten aus Wirtschaft und Forschung hatten nur Positives zu berichten: Die Teilzeitarbeit wurde sogar zum Zukunftsmodell erhoben. 30 bis 40 Prozent der deutschen Großkonzerne experimentieren damit, sogar jeder zehnte Mitarbeiter in Führungsposition hat bereits Erfahrungen mit reduzierter Arbeitszeit gemacht.

Mitverantwortlich für diese Tendenz sei die Notwendigkeit, hoch qualifizierten *Müttern* Anreize für Jobs zu schaffen, heißt es in dem *brand eins*-Artikel. Frauen wäre die Höhe des Gehaltes nicht so wichtig, ausschlaggebender seien die Arbeitsbedingungen. Fast jeder Job sei zumindest mit einer 80-Prozent-Stelle erfüllbar, zitiert der Artikel einen Experten, wenn die Arbeitszeit nur effizient genutzt wird. Gerade Eltern wären an den hohen Koordinationsaufwand im Familienalltag gewöhnt und dazu besonders gut in der Lage, aber theoretisch gälten diese Aussagen für alle Mitarbeiter. Weniger Arbeitszeit bei vollem Lohnausgleich wäre also durchaus möglich, die Produktivität des Unternehmens würde auch nicht leiden, wenn das Arbeitsaufkommen geschafft wird.

Es sind aber nicht nur die männliche Arbeitskulturen, die den eigentlich so plausiblen Schritt in diese Richtung verhindern. Auch auf Unterstützung von ihren Partnerinnen warten viele Männer, die sich in Richtung Teilzeit bewegen wollen, vergebens. Ich war relativ erstaunt, als eine Uni-Kollegin beim Mittagessen einmal meinte, sie wolle auf keinen Fall, dass ihr Mann Teilzeit arbeitet. In der anschließenden Diskussion wurde mir klar, dass das Verhältnis der Frauen zur männlichen Teilzeitarbeit nicht frei von Widersprüchen ist. Einerseits wünschen sich nämlich viele Frauen, dass ihre Männer mehr Zeit zu Hause verbringen. Andererseits reagieren sie empfindlich, wenn ein Mann sich dazu entscheidet, permanent Stunden zu reduzieren, damit einhergehende Gehaltseinbußen in Kauf oder auch mal ein Jahr Elternzeit nimmt. »Viele Frauen wollen Geld verdienen, aber das Haupteinkommen soll der Mann erzielen«, zitiert der *brand eins*-Artikel die Soziologin Regine Gildemeister. Gegen diese kulturellen Widerstände müssen sich Männer unabhängig von der Unternehmenskultur ihrer Arbeitsstellen auch erst einmal durchsetzen.

# Frei, Freier, Freizeit.

## *Stefanie*

Ich schließe die Haustür hinter mir. In der rechten Hand meine alte grüne Reisetasche, mit der ich schon so einiges erlebt habe: Sie hat mich, seit ich 17 bin, auf Festivals begleitet, war mit auf Interrail-Tour durch Europa, hat New York gesehen und die Côte d'Azur. Auch als Tobias und ich am Anfang noch eine Wochenendbeziehung geführt haben, war sie immer dabei. Heute befinden sich in der Tasche: ein Paar Birkenstocks, ein Paar High Heels, schwarze Jeans, Ausgehkleid, Jogginghose und mein gemütlicher Lieblingssweater. Auf zum Flughafen, ein langes Wochenende Istanbul mit meiner Freundin Amina winkt.

Ich muss mich beeilen und hetze zur U-Bahn. Nicht, dass der Flieger ohne mich startet! Im Laufschritt trabe ich die Straße runter. Mein Gedanke: Ich bin das erste Mal für ein paar Tage von Johann getrennt. FREIHEIT! Tobias wird das Kind schon schaukeln, da bin ich mir sicher. Die Vorfreude überdeckt den Trennungsschmerz, aber eine Träne der Rührung habe ich beim Abschied schon wegdrücken müssen. »Mein süßer, kleiner Goldschatz, mein Schneckchen, mach es gut!« Natürlich werde ich den Kleinen vermissen. Doch nun heißt es auf ins pralle Großstadtleben!

Meine Freundin Amina hat einen türkischen Migrationshintergrund, den wir zwei immer spaßeshalber Migrationsvordergrund nennen, weil wir den Begriff so blöd finden. Sie ist ja hier geboren und aufgewachsen, genau wie ich. Zum Glück für unsere Urlaubsplanung gibt es zwischen uns aber auch einen ganz gravierenden Unterschied. Sie hat nämlich viele Verwandte in der Türkei – ich nur welche in Wanne-Eickel. Ihre Tante Meryem besitzt in Istanbul eine Ferienwohnung, in der wir umsonst bleiben können.

Istanbul, die Stadt zwischen Orient und Okzident, war schon immer ein Ort, den ich besuchen wollte. Die Liste der Dinge, die es zu unternehmen gilt, ist lang: Bosporus-Bootstour, ein Besuch der berühmten Hagia Sophia, Shoppen auf der Istiklal, der Party- und Einkaufsmeile der Metropole, fangfrischen Fisch in einem der vielen Restaurants unten am Hafen essen, abends ausgehen. Und natürlich abhängen und relaxen, vielleicht ein bisschen lesen, wenn sich die Gelegenheit dazu bietet. Zeit unter Freundinnen verbringen.

Nach unserer Ankunft in der Wohnung schmeißen Amina und ich die Koffer auf das Bett. Dann kramen wir wie ferngesteuert unsere Handys hervor: »Wir sind gut angekommen, wie geht es dir und dem Kind?« Aminas Mann Tim und Tobias melden unabhängig voneinander: »Alles super, jetzt entspannt euch mal.«

Wir schauen uns an und müssen lachen. Vier Monate lang haben wir uns auf dieses Wochenende gefreut. Und kaum sind wir da, denken wir nur an die Lieben zu Hause. Warum ist es eigentlich so schwierig für Eltern, Zeit für die eigenen Bedürfnisse freizuschaufeln? Und warum hat man automatisch ein schlechtes Gewissen, wenn man mal nur an sich selbst denkt?

Die Schuldgefühle kommen unweigerlich. Es liegt vielleicht an einer Erwartungshaltung uns Eltern gegenüber: Gute Eltern haben sich immer um ihre Kinder zu kümmern. An zweiter Stelle steht die Partnerschaft. Wenn meine Mutter mal eine Woche zu Besuch ist, dann sagt sie gerne Dinge wie: »Geht doch mal ins Kino oder was essen, ihr müsst ja auch mal was für euch als Paar tun.« Aber so etwas wie: »Setz dich mal in die Ecke und lies ein Buch, nur für dich«, das sagt niemand.

Besonders schlecht wird das Gewissen, wenn irgendwas nicht in Ordnung ist, das Kind krank oder der Mann gestresst. Selbst wenn Tobias dann sagt: »Geh ruhig.« Dabei ist diese Zeit, in der man nur den eigenen Interessen nachgehen kann, unendlich wichtig. Ich denke dabei immer an das Computerspiel SIMS, in der virtuelle »Menschen«, Sims genannt, in einer virtuellen Welt, Sim City, herumnavigiert werden. Sie bauen Häuser, schließen Freundschaften, suchen Jobs, gründen Familien, können krank werden. Die Sims haben dabei verschiedene menschliche Bedürfnisse, die in grün-gelb-roten Balken dargestellt werden: Das sind so elementare Dinge wie Hunger, Harndrang und Hygiene. Aber eben auch: Spaß und Freunde. Wenn man sich als Spielerin zu lange nicht um die Bedürfnisse Spaß und Freunde gekümmert hat, dann springt der Balken um von grün auf gelb und dann auf rot. Und der Sims wird unglücklich, gestresst, nervös, aggressiv und in letzter Konsequenz krank.

Ja, auch Freunde und Spaß sind wichtig! Wenn mein Spaß-Balken von grün auf gelb umschlägt, dann werde auch ich schlecht gelaunt und streitlustig. Wie die Sims. Ein ausführliches Telefonat, ein Kinobesuch, eine halbe Stunde Mittagsschlaf geben den Batterien wieder Stoff. Oder ein langes Wochenende mit Amina, so wie jetzt. Das füllt den Balken gleich doppelt auf.

### Alleine frei ist doppelte Freude

Nach einem herrlichen ausgefüllten Tag sitzen Amina und ich nun in einem der kleinen Fischer-Restaurants im asiatischen Teil der Stadt und trinken ein Efes. Die Sonne geht über dem Bosporus unter, die Stadt kühlt langsam aus, die Möwen kreischen. Auf dem Bazar haben wir Geschenke gekauft: T-Shirts für die Kids und türkische Süßigkeiten für uns alle. »So ein Wochenende ist wirklich super«, sagt Amina. »Ich bin Tim richtig dankbar, dass er mich gehen lässt.«

»Stimmt«, erwidere ich. »Ich auch. Und andersherum habe ich das auch schon erlebt, wenn ich Tobias zum Beispiel Johann abgenommen habe, damit er im Elbsandsteingebirge klettern gehen kann. Wenn er zurückkommt, ist er immer ganz glücklich – und ich bin es dann auch.«

Es ist tatsächlich so: Sich gegenseitig Zeit zu schenken ist für die Beziehung mehr wert als ein Diamantring. Die getrennten Erlebnisse, sich auch mal wieder als Individuum fühlen, das gibt Energie und inspiriert. Und die Freude des Wiedersehens sowie die Dankbarkeit gegenüber dem Partner geben auch etwas zurück.

Bei so einem Wochenende ist der Vorteil jeder 50/50-Beziehung: Man ist ohne Probleme und große Vorbereitung abkömmlich. Ich musste mit Tobias nicht ein einziges Wort vor meiner Abreise darüber wechseln, was Johann braucht, wenn er nachts aufwacht, oder welches Obst er am liebsten isst. Keine vorgekochten Mahlzeiten in der Tiefkühltruhe, keine To-do-Listen. Johann weint nicht nach mir, er lässt sich ganz selbstverständlich von Tobias füttern, baden und ins Bett bringen.

Auch, weil es so einfach geht, werde ich Tobias vorschlagen, dass wir in Zukunft öfter solche Wochenenden planen. Er kann dann mit seinem Freund Henning Berg- oder Klettertouren machen. Amina und ich sind uns einig, dass das nicht unser letzter gemeinsamer Kurztrip war: Wir haben vor, im nächsten Frühjahr zusammen auf Kanutour zu gehen. Dafür sind die Kinder noch zu klein.

Als ich nach einem wunderbaren Wochenende in der Türkei nach Hause komme, schläft Johann schon. Er sieht so süß aus, gerade bekommt er ganz kleine Löckchen. Ich streichle den Kleinen, der ganz ruhig atmet. »Und wie war's?« Tobias ist müde, aber zufrieden. Johann ist dreimal pro Nacht wach geworden, aber ansonsten hatten sie eine tolle Zeit, erzählt er mir. »Wir haben einen Ausflug in den Zoo gemacht und Johanns Freund Emil getroffen. Es war schön und anstrengend. Aber nur wegen dem Schlafen. Alles andere ist ja Routine. Ich bin eben der Super-Papa.«

»Ja«, sage ich, ziemlich erholt und verliebt. »Du bist der Super-Papa.« Wir gähnen, nehmen uns liebevoll in den Arm und gehen ins Bett. Gute Nacht.

### Wie integrieren wir Freizeit in unseren Alltag?

Die Erholung, die ich aus dem Wochenende mit Amina ziehe, hält ein paar Tage an. Dann löst sich wieder alles auf in unserem Trott. Mir wird klar, dass es ungleich schwieriger ist, Freizeit in den Alltag mit Kind zu integrieren, als mal ein Wochenende abzudampfen. Denn weg ist weg. Im Alltag ist man irgendwie doch da. Und weil wir beide pflichtbewusste Eltern sind, neigen wir dann eben dazu, genau bei den Dingen zu sparen, die uns Spaß machen. Zum Yoga gehe ich höchstens einmal im Monat und nicht mehr wie früher jede Woche. Ein gutes Buch habe ich schon seit Monaten nicht mehr in die Hand genommen. Abends Freunde treffen und ins Kino gehen, das haben wir früher auch viel öfter gemacht. Damit es nicht allzu sehr einreißt, haben wir drei Regeln ausgehandelt:

1. Jeder behält mindestens ein Hobby, dem er regelmäßig nachgeht.
2. Es gibt feste Stunden, in denen jeder machen kann, was er will.

3. Alle zwei Wochen kommt ein Babysitter, damit Tobias und ich etwas gemeinsam unternehmen können. Oder wir nutzen zwischendurch immer mal wieder die Gelegenheit, Großeltern oder Freunde einzuspannen und uns abzuseilen.

Momentan sieht die Regelung vor, dass jeder von uns zwei Abende in der Woche frei hat. Wir besprechen dann immer am Sonntag, wie die nächste Woche aussieht und wer wann frei hat. Am Wochenende hat jeder in der Regel einen halben Tag für eigene Aktivitäten: ausschlafen, im Park liegen und lesen, zum Sport, Freunde treffen. Außerdem gehe ich zweimal die Woche, nachdem ich Johann zur Tagesmutter gebracht habe, noch vor der Arbeit 30 Minuten schwimmen. Ich bin dann so um zehn Uhr im Büro und muss mich dafür natürlich nicht mit Tobias absprechen, weil der Kleine schon versorgt ist.

Seit Neuestem habe ich wieder mit dem Klavierspielen begonnen. Das hatte ich 15 Jahre lang nicht mehr gemacht. »Bist du verrückt?«, meinte da Susanne zu mir, »wann bitte willst du denn auch noch Klavier üben?« Ganz einfach: 15 bis 30 Minuten täglich vor dem Schlafengehen. Auf dem E-Piano mit Kopfhörern, versteht sich, damit ich Johann nicht wecke. Diese kurze Zeit entspannt mich und gibt mir das Gefühl, etwas Sinnvolles zu tun.

Wir haben gemerkt, dass wir die Freizeiteinteilung wirklich genauso ernst nehmen sollten wie die Hausarbeit. Alles andere führt dazu, dass unser Leben außer Balance gerät und wir unzufrieden werden. Unsere Sims-Balken werden dann eben gelb und rot. So eine Situation gab es neulich. Da hatten wir abgemacht, dass ich samstagsvormittags mit Johann rausgehe: erst einkaufen und auf dem Rückweg auf den Spielplatz. In der Zeit wollte Tobias ausschlafen, gemütlich Zeitung lesen, Kaffee trinken. Bis zwölf Uhr, da muss Johann immer Mittag essen und schlafen.

Nun ist es bei Tobias aber so, dass er sich nur schwer entspannen kann, wenn die Wohnung unordentlich ist. Weil in der Woche aber ziemlich viel los war, sah es aus wie bei Hempels unterm Sofa. Also fing er an aufzuräumen, zu spülen und die Wäsche zu waschen. Wenn wir ein traditionelles Paar wären, würde ich das wahrscheinlich beklatschen und erfreut rufen: »Der Mann hilft im Haushalt.« Aber bei uns ist das nicht so, er macht ja eh den halben Haushalt. Ich finde, er sollte die Freizeit auch wirklich dafür nutzen, um sich zu entspannen. Denn die Erholung hatte Tobias nach einer anstrengenden Woche wirklich nötig, und deshalb soll er sie sich ja nehmen. Aufräumen, das kriegen wir zur Not auch zu zweit noch hin, wenn der Kleine Mittagsschlaf macht.

Trotzdem bedanke ich mich, als wir um zwölf Uhr aufkreuzen und Tobias schon abgewaschen, aufgeräumt, gesaugt und den Mittagstisch gedeckt hat. Na klar, was soll ich auch sonst tun. Dass es dann aber doch auch ein Problem ist, merke ich erst im Verlauf der nächsten Woche.

»Du, Steffi, ich brauche auch mal wieder Zeit für mich. Letztes Wochenende habe ich ja die ganze Zeit aufgeräumt, obwohl es gar nicht meine Aufgabe war.« Deswegen müsse er am nächsten Wochenende den ganzen Samstag Golf spielen, um mal rauszukommen. Alles klar, das ist ja auch vollkommen in Ordnung. Wir hatten allerdings eigentlich angedacht, am nächsten Wochenende einen Familienausflug zu unternehmen, und ich finde die Idee nicht so toll. Wenn Tobi nicht aufgeräumt hätte, sondern sich – wie er es machen sollte – freigenommen hätte, dann wäre er jetzt nicht so angestrengt von der Woche. Nun müssen wir die ganzen Wochenendpläne wieder neu besprechen. Tobias soll es ja gut gehen, denn ein entspannter und gut gelaunter Partner ist wichtig.

Wenn die Aufgaben nicht so eindeutig verteilt sind wie im traditionellen Rollenmodell, bei dem wir ja quasi von Kindesbeinen an lernen, wie es geht, dann muss mehr verhandelt werden. Und um diese Verhandlungen wiederum zu reduzieren, sollte man sich an die einmal getroffenen Vereinbarungen so gut es geht halten. Sogar, wenn es um »Spaß haben« geht.

## Alles nicht so verbissen sehen

Das Gebot, die Freizeit ernst zu nehmen, gilt für die des Partners natürlich genauso wie für die eigene. Wenn ich Überstunden machen muss, um einen Artikel fertigzuschreiben, der morgen rausmuss und Tobias aber um 20 Uhr verabredet ist: Wer hat dann Pech gehabt? Aus traditionellen Familien kenne ich es so, dass derjenige, der die Überstunden macht, im Büro bleibt, und wer zu Hause ist, das Nachsehen hat. Arbeit geht vor Freizeit. Klar.

Auch bei uns kann Arbeit vor Freizeit gehen, irgendwoher müssen die Brötchen ja kommen. Der Unterschied liegt aber im Detail. Erstens geht es um die Frage: Wie wichtig sind die Überstunden? Muss ich die wirklich machen? Oft kann man Dinge ja doch auf morgen schieben oder Dringendes abends von zu Hause erledigen, wenn der Kleine im Bett ist. Zweitens: Wer sich nicht an diese Abmachung halten kann, steht in der Verantwortung, die Dinge entsprechend zu regeln. Heißt in dem konkreten Fall: Ich versuche, einen Babysitter zu organisieren, damit Tobias seine Verabredung einhalten kann. Und drittens gilt: Auch derjenige, dessen Freizeit gerade in Gefahr ist, sollte großzügig sein können, wenn der Partner berechtigte Anliegen hat. Ein Anruf aus dem Auto à la: »Schatz, Mathias und ich gehen spontan noch ums Eck, Fußball schauen« gehört nicht dazu. Ein wirklich wichtiger Termin auf der Arbeit schon eher.

Trotzdem sollte man so etwas wirklich nur als Ausnahme machen. Selbst wenn kein Kinobesuch geplant ist, fühlt es sich komisch an, wenn man unerwartet die ganze Abendroutine mit dem Kind erledigen muss. Inklusive Essen kochen, vorlesen, etc. 50/50 bedeutet halt schon, dass beide Verantwortung übernehmen und sich aufeinander verlassen können. Dafür gibt es dann ab und zu mal ein langes Wochenende ohne Familie.

Die goldene Regel lautet: Alles nicht so verbissen sehen. Was für den Haushalt gilt, gilt auch für die Freizeiteinteilung. So ähnlich wie ich das Wochenende mit Amina als großes Zeitgeschenk wahrnehme, kann es auch kleine Zeitgeschenke geben, z. B. ein unverhoffter freier Abend. Am wichtigsten ist das beiderseitige Vertrauen darin, dass sich die Dinge schon ausgleichen werden. Schließlich haben beide ein Interesse daran, dass die Beziehung ausbalanciert ist. Da braucht es keine Kontrollen. Und auch keine Klagen. Nichts ruiniert einem die Freizeit so sehr wie ein Partner, der sauer ist, dass man sich amüsiert. Denn das Gefühl, dass man sich etwas herausnimmt, was einem eigentlich nicht zusteht, zerstört das Erholungsgefühl. Und das führt das ganze Prinzip ad absurdum, denn Freizeit soll ja zu mehr Zufriedenheit führen, nicht zu mehr Stress.

# Das liebe Geld.

## Tobias

Unter einer Hochzeitseinladung und Rezepten fürs Kochen mit Kleinkindern klebt, von einem schweren Magneten festgehalten, unser Ausgabenzettel am Kühlschrank. Darauf sind in allerlei Farben, und zum Teil kaum zu entziffern, die Summen notiert, die Stefanie und ich zwischendurch in bar zahlen, die aber zu den gemeinsamen Ausgaben gehören. Aktuell ziehen sich die Zahlenreihen unter unseren Namen bereits auf die Rückseite des dafür zweckentfremdeten Briefumschlags. Am letzten Wochenende hab ich Stefanie mal vorsichtig gefragt: »Sag mal, wollen wir es nicht hinter uns bringen und die Abrechnung vom Kühlschrank machen? Die Liste ist jetzt schon über zwei Monate alt.« Aber Stefanie hatte genau so wenig Lust darauf wie ich. Wenn Johann zurzeit endlich im Bett ist, dann bleiben solche Erledigungen meist liegen, weil wir einfach zu groggy sind.

Aber heute Abend gebe ich mir einen Ruck und rechne die Zahlenkolonnen zusammen. Vielleicht auch, weil ich die leise Hoffnung habe, dass für mich am Ende sogar noch was rausspringt. Also, es geht los. Was genau gekauft wurde – zwölf Euro für Brot?! –, darf mich jetzt nicht mehr interessieren. Als Stefanie von der Arbeit kommt und sich zu mir in die Küche setzt, bin ich hochzufrieden und schiebe ihr den Zettel rüber. »Ich hab endlich mal die blöde Abrechnung gemacht. Ich krieg noch 130 Euro von dir, wenn ich mich nicht verrechnet habe.« Und weil ich nicht möchte, dass Stefanie deswegen sauer wird, schiebe ich noch hinterher: »Das ist so viel, weil ich zweimal das Tanken bezahlt habe.« Stefanie sagt aber nur: »Cool, danke! Ich hab hier noch 'nen ganzen Packen Belege, die sind noch nicht auf der Liste. Die rechne ich noch schnell dazu.«

Das habe ich befürchtet. »Menno, wieso schreibst du das denn nicht vorher auf!? Da muss ich ja jedes Mal Angst vor dem haben, was du mit dir rumschleppst. Oder zahl die Sachen doch gleich vom Familienkonto!« Als die Rechnung dann fertig ist, schulde ich Stefanie 155 Euro und habe richtig schlechte Laune.

Tatsächlich streiten wir uns sonst aber fast nie über Geld. Wir reden uns nicht rein, was wir mit unserem eigenen Geld machen. Wenn ich mal Golf spielen gehe, was am Wochenende recht teuer ist, oder wenn Stefanie mit einem zufriedenen Lächeln und lauter Papiertüten vom Shopping zur Tür reinkommt, dann wird das nie vom anderen kommentiert. Das einzige Problem ist diese Liste am Kühlschrank. Wir warten mit der Abrechnung immer so lange, bis da richtig große Summen zusammenkommen, und einer ist dann immer der Depp. Die 155 Euro fühlen sich an wie ein saftiger Bußgeldbescheid, dabei hat Stefanie die gleiche Summe ja schon für die Familie ausgegeben. Am Ende lachen wir über die Szene, die sich so schon mehrere Male abgespielt hat, und nehmen uns vor, unsere Geldangelegenheiten demnächst anders zu regeln.

### Gefährliches Terrain

Die Verhandlung von Finanzen ist ein Minenfeld für jede Beziehung. Ein Großteil partnerschaftlicher Konflikte ist auf dieses Thema zurückzuführen, wie Umfragen immer wieder zeigen. Geld ist allgegenwärtig – geht ja nicht anders –, aber offen damit umgehen ist eine Kunst, und wir üben uns noch darin. Viele Paare reden gar nicht richtig darüber, es schickt sich nicht. Das ändert sich oft auch dann nicht, wenn man Kinder hat. Dabei ist ein offenes Gespräch dringend nötig: Hohe Ausgaben, ungleiche Einkommen, manchmal Schulden – sich als Paar mit gemeinsamem Haushalt und Kind finanziell zu arrangieren, gehört zu den ganz großen Herausforderungen.

Natürlich hatten Stefanie und ich schon gemeinsame Ausgaben, bevor Johann unterwegs war. Das haben wir aber immer recht unkompliziert nebenher abgerechnet, wenn wir mal im Urlaub waren oder als Renovierungskosten anfielen, als Stefanie zu mir gezogen ist. Bevor es für uns überhaupt das 50/50-Modell gab, hatten wir es in Bezug auf finanzielle Dinge in der Partnerschaft längst intuitiv etabliert. Nur – eine wirkliche Herausforderung war das nicht. Wir waren beide trotzdem autonom mit unserem eigenen Geld. Oder besser gesagt: Es war kaum Thema.

Als während der Schwangerschaft die ersten Kosten für bestimmte Untersuchungen und Anschaffungen anfielen, richteten Stefanie und ich ein gemeinsames »drittes« Konto ein – unser Familienkonto. Auf dieses Konto überweisen wir beide knapp zwei Drittel unseres Nettolohns. Die Summen sind rund, wir holen dafür nicht extra den Taschenrechner raus. Von diesem Familienkonto zahlen wir unsere Alltagsbesorgungen und Einkäufe, die Miete inklusive der üblichen Lastschriften, Kosten rund ums Auto, alles fürs Kind und auch unsere gemeinsamen Urlaube. Was an Geburtstagen oder Weihnachten an Geld von der Familie kommt, fließt auch dort hinein. Wir versuchen, auf diesem Konto immer einen Puffer zu haben, aber der bleibt leider eher klein. Reicht das Geld nicht, überweisen beide die Hälfte des fehlenden Betrags von unseren alten, eigenen Konten. Die haben wir uns nämlich behalten als unsere Gehaltskonten, von denen aus wir unsere eigenen Klamotten, Essen gehen, Hobbys und Mobilfunkverträge bezahlen.

Das Modell funktioniert auch deswegen gut, weil keiner deutlich mehr als der andere verdient. Trotzdem komme ich dabei etwas besser weg als Stefanie. Wie zu Zeiten unserer kinderlosen Partnerschaft habe ich etwas mehr zur Verfügung als sie. Bisher hat sie das nicht gestört. Und mich sowieso nicht. Wir sparen uns einen Haufen Rechnerei und kommen mit dem Geld gut hin. Freilich nicht ohne gelegentliche Konflikte, wenn uns rund um Urlaube oder eine Autoreparatur mal das Geld ausgeht.

Die Episode mit dem Zettel vom Kühlschrank hat mich aber nachdenklich werden lassen. Einige Tage später unterbreite ich Stefanie meinen Vorschlag: »Du, ich würde unsere ganze Organisation von Geldangelegenheiten gern so unkompliziert wie möglich machen, damit uns das mit den Listen und dem Nachrechnen in Zukunft erspart bleibt. Momentan ist das noch nicht so optimal, finde ich.«

»Klingt erst mal vernünftig«, meint Stefanie, »was schlägst du denn vor?«

»Wir sollten in Zukunft alles über das Familienkonto laufen lassen. Also das Gehalt und alle Daueraufträge etc. Und am Ende des Monats gibt es einen Stichtag, da sehen wir, ob wir noch Geld übrig haben. Haben wir ja auch immer. Und das Geld wird dann durch zwei geteilt und an unsere alten Konten überwiesen. Oder wir holen uns das in bar.«

»Klingt fair«, sagt Stefanie. »Außerdem legen wir dann vielleicht mehr ›Haushaltsdisziplin‹ an den Tag, wie man so schön sagt. Weil wir ja beide möglichst viel rausbekommen wollen am Ende, um das dann auf den Kopf hauen zu können, hihi!«

Es hat mich einiges an Überwindung gekostet, auf diese Regelung einzuschwenken, obwohl es mein eigenes Angebot war und nicht etwas, das Stefanie von mir gefordert hätte. Einmal haben wir inzwischen die Abrechnung gemacht. Und wenn da nicht eine blöde Autoreparatur dazwischengekommen wäre, dann wäre ich am Ende auch nicht schlechter dagestanden als bisher.

Jetzt ist es wirklich genauso fair, wie es in einem idealen 50/50-Modell sein soll. Warum? Weil es erst in diesem Modell keinen Unterschied mehr macht, ob jemand im Job arbeitet oder Familienarbeit macht. Beide sind gleichgestellt. Wenn Stefanie und ich am Ende des Monats gleich viel ausgezahlt bekommen, dann für die Summe der von uns geleisteten Erwerbs- *und* Familienarbeit. Zwischen diesen beiden Bereichen gibt es jetzt keine Abstufung mehr. Wir arbeiten beide in Job, Haushalt und Familie, und dafür bekommen wir den gleichen Lohn. Wir wünschen uns, irgendwann ganz frei zu sein vom meins/deins-Denken.

### Mein, dein oder unser Geld?

Am Wissenschaftszentrum (WZB) in Berlin hat eine Forschergruppe sechs Jahre lang untersucht, wie in Paarbeziehungen Geld verwaltet und verteilt wird. Dabei stießen die Forscher auf eine Vielzahl möglicher Arrangements sowie eine sehr unterschiedlich verteilte Bereitschaft, überhaupt über das Thema Geld zu sprechen. Als ich einige der Veröffentlichungen aus dem Projekt lese, fällt mir auf, dass ich auch kaum darüber Bescheid weiß, wie unsere Freunde und Bekannten sich in dieser Hinsicht organisieren. Stefanie und ich haben uns mit niemandem ausgetauscht, um zu erfahren, wie man es denn am besten macht. Es wäre uns komisch vorgekommen. Geld ist in unserer Gesellschaft stärker tabuisiert als Sex, bestätigt Jutta Allmendinger, die Leiterin des WZB, diesen Eindruck.

Ich frage mich durch. Mal sehen, wer mir von meinen Bekannten Auskunft geben will: Christian und Hannah haben ein Kind, fast so alt wie unser Johann. Sie arbeitet als Bibliothekarin, er ist

Zahnarzt. Trotz eines gemeinsamen Haushalts und Kindes gibt es jedoch keinen geteilten Topf. Bezeichnenderweise erfahre ich das alles auch nur von ihr, nicht von ihm. Hannah ist überzeugt, dass Christian bisher höchstens ein paar Packungen Windeln für das Kind bezahlt hat, obwohl er das Mehrfache von dem verdient, was sie monatlich bekommt. Er behält sich das Recht vor, ab und zu »größere« Ausgaben zu übernehmen, zahlt zum Beispiel den gemeinsamen Urlaub komplett oder das neue Sofa. Hannah ist von dieser Handhabe nicht begeistert, zumal sie sich nie sicher sein kann, wann und was Christian mal wieder zahlt. Wenn sie das Thema anspricht, weicht er aus. Er spricht nicht über Geld, sagt aber immer, es sei »für alles gesorgt«, sie solle sich keine Sorgen machen. Am bestehenden Arrangement will er deshalb nichts ändern. Die Frage, ob man die Familienarbeit der Erwerbsarbeit nicht gleichstellt, taucht sowieso nicht auf.

Ähnlich gelagert ist es bei Stefanies Freunden Susanne und Stephan mit Tochter Emma, drei Jahre. Sie verdient als Teilzeit-Verkäuferin in einem Geschenkeladen einen Bruchteil von seinem Einkommen. Stephan ist als Berater in einer IT-Firma wesentlich besser aufgestellt. Trotzdem: Die beiden sammeln im Alltag Belege, rechnen ihre Ausgaben genau zusammen. 50/50 heißt in diesem Fall, sich einfach alle Kosten zu teilen, und zwar unabhängig vom individuellen Einkommen. Lediglich bei großen Ausgaben wie Auto oder Reisen zahlt Stephan dann alles, das wäre sonst auch einfach nicht möglich. Susanne machte einen etwas angesäuerten Eindruck, sagt Stefanie, die dieses Gespräch für mich führt. Stephans Standpunkt lautet: »Wieso sollte ich alles bezahlen, wo ich doch hart für mein Geld arbeite?« Tatsächlich scheint es bei den beiden auch ein bisschen um die Frage zu gehen, wessen Geld »mehr wert« ist, weil härter dafür gearbeitet wird. Stephan hält keine so großen Stücke auf den Job seiner Frau. Dass er sich auch im Haushalt und in der Betreuung seiner Tochter eher zurückhält, versteht sich fast von selbst.

Vergleicht man diese zwei Fälle mit uns, wird deutlich, wie unterschiedlich Paare mit Geld umgehen können. Man kann ganz allgemein zwischen »Mein Geld/Dein Geld«- und »Unser Geld«-Einstellungen unterscheiden. Stephan und Christian begreifen ihren Verdienst zum Beispiel als individuelle Leistung, losgekoppelt von der Familie. Ihre Partnerinnen wünschen sich das zwar anders, sehen aber keine Möglichkeit, irgendetwas an der Situation zu ändern. Wer das Geld hat, hat das Sagen. Stefanie und ich vertreten im Gegensatz dazu eher eine »Unser Geld«-Haltung, weil für uns klar ist, dass sich mit der Gründung unserer Familie die bis dahin gültige Trennung in Deins/Meins aufzulösen beginnt. Solange Stefanie und ich ein Paar sind, sind wir als Familie eine Gemeinschaft – für die eine gewisse Unabhängigkeit der Partner natürlich trotzdem Bedingung bleibt. Verstärkt hat sich dieses Gemeinschaftsgefühl durch die Geburt von Johann. Unsere erste gemeinsame Entscheidung mit wirklichen Konsequenzen.

Sind sich Paare über die Verteilung und Verwaltung ihrer Finanzen uneins, stellt das auf Dauer ein Risiko für die Beziehung dar. Das ist kein Geheimnis. In Auseinandersetzungen ums Geld geht es aber auch meistens nicht um irgendwelche profanen, konkreten Beträge, sondern um die Frage, was man selbst und was die eigene Arbeit wert ist. Die Paartherapeutin Karin Kutz erklärt in einem Interview mit der *Süddeutschen Zeitung*, dass Streit ums Geld meist ein Stellvertreterstreit ist. Hinter den Zahlen werden Abhängigkeit und Unabhängigkeit, Sicherheit und Unsicherheit, Altes, Belastendes und Verletzungen verhandelt, Geld ist quasi Katalysator für andere Konflikte. »Oft geht es in Wirklichkeit um Macht und Wertschätzung«, so Kutz. Männer haben häufig das Gefühl oder die Angst, ihre Arbeit werde nicht genügend geschätzt. Dass die Frauen das Geld einfach selbstverständlich nehmen und nicht angemessen würdigen, dass er für die Familie arbeiten geht. Eine übliche – mal mehr, mal weniger subtile – Strategie der Männer ist dann, die Frauen beim Geldausgeben zu kontrollieren, um ihnen zu verdeutlichen, wer das Sagen hat. Stefanie und ich mussten nicht lange fahnden, um zwei Fälle (Christian und Hannah, Susanne und Stephan) zu finden, in denen genau dies stattfindet, obwohl wir das gar nicht vermutet hätten.

## Gewöhnliches und besonderes Geld

Das Geldthema ist natürlich eng verbunden mit der Diskussion um die familiäre Arbeitsteilung. Wenn wir davon ausgehen, dass erstens Geld das Hauptstreitthema in deutschen Paarbeziehungen ist und zweitens – wie Allmendinger und ihre Kollegen empirisch beweisen konnten – Paare mit einer »Unser Geld«-Haltung weniger um Geld streiten, dann legt das nahe, dass gerade in Familien mit Alleinverdiener die Verwaltung und Verteilung von Geld zum Beziehungsproblem werden kann. Allmendinger führt das auch darauf zurück, dass Geld verschieden bewertet wird, je nachdem, durch welche Tätigkeit es verdient wird.

Den Wert des verdienten Geldes kann man meistens genau daran ablesen, auf welche Weise es ausgegeben wird. Wenn Christian zum Beispiel sein Geld für die »besonderen« Ausgaben zur Verfügung stellt und Hannah die kleinen, notwendigen Dinge bezahlt, Kindersachen zum Beispiel, lautet die unausgesprochene, möglicherweise aber ziemlich verletzende Formel hinter dieser Verteilung: Mein Geld ist besser als deins. Kein Wunder, dass in sehr vielen Familien und Partnerschaften dem Thema aus dem Weg gegangen wird. Es steckt einfach zu viel Sprengstoff drin. Zu sehr droht die Gefahr, auf Haltungen zu stoßen, die ziemlich drastisch sind und über die, wenn sie einmal ausgesprochen sind, vielleicht schwer hinwegzusehen ist. Nicht jede Frau – und statistisch gesehen betrifft es nun mal Frauen besonders –, die als »Dazuverdienerin« arbeitet, außerdem Kind und Haushalt managt und dabei auf 60 Stunden die Woche kommt, lässt sich so etwas von ihrem Partner gerne sagen.

Auch Stefanie und ich mussten erst lernen, über Geld zu reden. Als wir zusammengezogen sind, gab es eine ganze Reihe von Ausgaben. Bett, Waschmaschine, Spülmaschine, einen Kühlschrank (zu dem man sich endlich nicht mehr runterbücken musste). Auch ohne Kind stand das »Unser« im Vordergrund, aber eben so, dass wir immer in der Lage gewesen wären, im Falle einer Trennung in Meins und Deins zu teilen. Immer wieder mussten wir uns zwingen, Kassensturz zu machen, nachzurechnen und auch mal kürzerzutreten, um weitere Anschaffungen machen zu können. Mit Johanns Ankunft und der Einrichtung unseres dritten Kontos haben wir die nächste Stufe genommen. Dass wir uns nun dazu entschieden haben, ein noch radikaleres, faireres Modell der Verteilung unseres ganzen Geldes einzuführen, kommt daher, dass wir das Thema inzwischen ganz pragmatisch nebenher verhandeln können. Seit es vor allem »Unser« gibt und am Ende noch ein Teil Deins und Meins übrig bleibt, gehen wir Geldangelegenheiten recht entspannt an. Und am Kühlschrank kleben jetzt statt der Liste ein paar Scheine Schweizer Franken als Motivationshilfe in Sachen Haushaltsdisziplin. Ein Trip ins Wallis steht bald an, und die Schweiz ist teuer!

# Warten auf den Auftrag.

*Stefanie*

Ich sitze vor dem Computer und warte. Darauf, dass das Telefon klingelt. Auf eine Textnachricht, die einen Auftrag enthält. Eine E-Mail, die keine Pressemitteilung und kein Newsletter ist. Doch nichts passiert. Es ist Anfang Oktober, das Sommerloch ist längst vorbei. Seit knapp vier Wochen ist Johann, mittlerweile ist er ein Jahr alt, bei der Tagesmutter. Montag bis Freitag wird er von 9 bis 16 Uhr betreut, im Moment holen wir ihn aber meist schon um 15 Uhr. Montags und donnerstags bin ich dran, am Dienstag und Freitag Tobias. Mittwochs wechseln wir uns ab. Damit ist meine Eltern-Schonfrist endgültig vorbei. Ab sofort heißt es: 35 Stunden pro Woche. Vollzeitnahe Teilzeitarbeit nennt man das. Aber was genau soll ich jetzt arbeiten? Die Aufträge bleiben aus.

Ich klicke mich durch *Spiegel Online*. Angela Merkel hat die Wahl gewonnen. Wollte Merkel nicht im Falle eines Wahlsiegs das Kindergeld erhöhen? Sechs Artikelvorschläge habe ich vorgestern bei verschiedenen Medien eingereicht. Und ich bekomme: kein Feedback. Nichts, null, zero. Seit ich Mutter geworden bin, scheint man mich vergessen zu haben. Ob das höhere Kindergeld die Geldeinbußen ausgleichen könnte?

Es ist verrückt. Als freie Journalistin und Herausgeberin meines eigenen Magazins habe ich keinen Chef, der mich ins Kopierzimmer verbannen kann. Ich kann mir meine Arbeit selbst einteilen, und ich habe kaum Elternzeit genommen. Und trotzdem leidet auch mein Job darunter, dass ich eine Pause gemacht habe: Drei Monate Abwesenheit und neun Monate Teilzeitanwesenheit haben dazu geführt, dass meine Aufträge ausbleiben. Im Gespräch bleiben, Netzwerke pflegen, den Redaktionen spannende Themen anbieten – das ist zeitintensiv und muss kontinuierlich passieren. Weil ich ja auch noch für das *Missy Magazine* gearbeitet habe, blieb dafür zu wenig Zeit. Ich fürchte: Viele haben mich anscheinend abgeschrieben, weil ich ein Weilchen weg vom Fenster war.

Andererseits gilt: Zeit mit dem Kind zu verbringen ist ja auch ein Stück Lebensqualität. Also nutze ich das aus. Heute passiert eh nichts mehr. Ich klappe den Rechner zu und rufe Tobias an, der gerade mit Johann in der Sonne sitzt und Eis isst. Machen wir also das Beste draus.

Der Nachmittag plätschert vor sich hin, die Sonne scheint, ich genieße die unverhoffte Familienzeit. Trotzdem bin ich noch immer ein wenig beunruhigt: Meine berufliche Laufbahn darf nicht ins Stocken geraten. Damit das 50/50-Prinzip funktioniert, sind wir auch auf mein Einkommen angewiesen. Ich muss dringend potenziellen Auftraggebern zeigen, dass ich wieder da bin.

### Modifizierte Alleinverdienerpaare oder 50/50?

Tobias und ich lümmeln auf der Couch und schauen die neue Staffel *Mad Men*. Im Mittelpunkt steht Don Draper, der als Kreativdirektor bei der Werbeagentur *Sterling Cooper* erfolgreich ist. Gezeigt wird eine Gesellschaft, in der die Sphären von Männern und Frauen klar getrennt sind. Hier die erfolgreichen Karrieretypen, in deren Arbeitswelt Frauen maximal Kaffee kochen und Telefone bedienen. Dort die schönen, frustrierten Ehefrauen, die mit den Kids in den Vorstädten versauern und vor Langeweile schon zum Frühstück Martini kippen. Die einzige Frau, die es schafft, in der männlichen Arbeitswelt aufzusteigen, ist einsam, unglücklich und kinderlos.

Wie gut, dass diese Zeiten vorbei sind, in denen Frauen nur die Wahl zwischen Haushalt und Karriere hatten, denke ich, bevor ich die Augen schließe und sanft an Tobias' Schulter hinwegschlummere. Bis zum Ende einer Folge habe ich es seit Johanns Geburt nur noch selten geschafft.

Am nächsten Morgen schlage ich die Zeitung auf und sehe mich bestätigt: Zwei von drei Müttern mit Kindern unter 15 Jahren sind mittlerweile berufstätig, steht da. Richtige waschechte Hausfrauen, also solche, die keine Erwerbsarbeit suchen, machen noch 26 Prozent aller Frauen aus – eine Minderheit, wenn auch eine große. Allerdings gilt: Je jünger das Kind, desto seltener die Berufstätigkeit. Bei unter Dreijährigen macht der Anteil der temporären Hausfrauen 69 Prozent aus, ab dem zehnten Lebensjahr des Kindes bleiben dann nur noch 16 Prozent der Frauen zu Hause.

Was bedeutet es, wenn Frauen vermehrt Teilzeit arbeiten? Das derzeitig vorherrschende Familienmodell wird im Soziologen-Jargon »modifiziertes Alleinverdienermodell« genannt. Die Frau in der Kleinfamilie ist heute nicht mehr Hausfrau, aber es ist nach wie vor der Mann, der den Löwenanteil des Familieneinkommens erwirtschaftet. Sein Einkommen bezahlt die Miete, die Lebensmittel und die Versicherung. Die existenziellen, wichtigen Dinge. Ihr Einkommen ist nur Zuverdienst, für die »Extras« wie Klamotten, Kinderbetreuung oder die Putzfrau.

Das ist bei uns anders: Auch ich arbeite Teilzeit – wenn auch mehr als die meisten Mütter, die zwischen 15 und 30 Stunden die Woche arbeiten. Der Unterschied liegt aber weniger bei mir, sondern in der Tatsache, dass Tobias seine Arbeitszeit flexibel gestalten kann, viel von zu Hause arbeitet und sechs Monate im Jahr vorlesungsfreie Zeit hat – und wir so beide Zeit haben, uns um Kind und Haushalt zu kümmern.

Und es gibt noch einen anderen eklatanten Unterschied zu anderen Paaren: Wir bewerten meine Arbeit und Tobias' Arbeit genau gleich. Wir trennen nicht in *seinen* Broterwerb – also essenziell wichtige Dinge, und *meinen* Zuverdienst – der zur Not auch wegfallen kann.

Diese ganz persönliche Bewertung des Einkommens innerhalb unserer Partnerschaft ist mindestens genauso wichtig wie die nackten Zahlen. In einem zehn Jahre andauernden Forschungsprojekt hat die amerikanische Soziologin Jean L. Potuchek herausgefunden, dass die Einteilung des Einkommens in »männlichen« Broterwerb und »weiblichen« Zuverdienst nicht unbedingt etwas damit zu tun hat, wer wie viel verdient. Dafür hat sie 153 Doppelverdienerpaare befragt. Paare, bei denen der Mann mehr Lohn nach Hause trägt als die Frau, oder beide ungefähr gleich viel, oder die Frau mehr als der Mann. Das Ergebnis war, dass lediglich 15 Prozent der befragten Frauen ihre Arbeit als gleichwertigen Broterwerb betrachteten. Und zwar nicht nur solche, die deutlich weniger verdienten als der Mann, sondern auch Frauen, die genauso viel oder sogar mehr Gehalt erhielten. Die meisten von ihnen erklärten ihre Berufstätigkeit damit, dass sie eben gerne arbeiten, weil es ihnen Spaß macht und sie sich selbst verwirklichen können. Und eben nicht, um das Familieneinkommen zu erwirtschaften.

Potuchek schließt daraus, dass die Bewertung der Arbeit nicht an das reale Einkommen gekoppelt ist, sondern eine starke kulturelle Komponente enthält: Anders als Geldverdienen ist die Ernährung der Familie keine neutrale Tätigkeit: Es ist männlich. Selbst Frauen, die einen Großteil des Familieneinkommens schultern, sehen sich selbst lieber als Zuverdienerinnen, damit ihre über die Jahrhunderte anerzogene Vorstellung der eigenen Weiblichkeit in der Beziehung erhalten bleibt. Ist das nicht erstaunlich?

Auch bei den befragten Männern waren diejenigen, die ihr eigenes Einkommen und das ihrer Partnerin als gleich wichtig bewerten, in der Minderheit. Allerdings: Kein einziger Mann sah sich selbst als jemand, der vor allem deshalb arbeitet, weil es ihm Spaß macht oder weil er sich selbst verwirklichen will.

Diese Mechanismen sind uns zu einem großen Teil noch nicht einmal bewusst. Selbst wenn wir Klischees zu männlichem und weiblichem Verhalten aktiv ablehnen, können wir ihnen doch unterbewusst aufsitzen, belegt eine 2008 erschienene Studie der Sozialpsychologen Brian Nosek und Jeffrey Hansen von der University of Virgina, die mit dem sogenannten Impliziten Assoziations-Test (IAT) geprüft haben, welche Eigenschaften Männern und Frauen zugeschrieben werden.

Diese Messungen belegen, dass Männer mehr als Frauen mit den Themen Karriere, Familie ernähren, Hierarchie oder Autorität belegt werden, während Frauen mit Familie und Haushalt assoziiert werden. Und zwar nicht nur von Konservativen, sondern auch von überzeugten Vertretern der Gleichberechtigung. Unser 50/50-Modell trennt aber nicht in Geld verdienen und Familie ernähren. Es geht nicht um gleiches Gehalt, sondern um gleiche Arbeitsteilung. Es ist wichtig, sich das immer wieder klarzumachen.

### Das weibliche Mantra

Gleichzeitig steht diese 50/50-Einstellung der Art und Weise, wie wir Frauen bezüglich unserer Berufswahl sozialisiert werden, vollkommen entgegen. Denn für uns gilt eben viel stärker als für Männer: Verwirkliche dich selbst. Heißt im Endeffekt aber auch nichts anderes als: Das spätere Familieneinkommen ist sekundär, dafür kannst du immer noch einen Mann heiraten. Dieses Denken ist in uns drin, von klein auf.

Wenn ich mir überlege, wie ich mir selbst eine Ausbildung ausgesucht habe, dann sehe ich, dass es da durchaus einen Konflikt zwischen Selbstverwirklichung und dem Streben nach finanzieller Unabhängigkeit gab. Es war nicht so, dass ich ein späteres Familieneinkommen ausgeblendet hätte. Trotzdem habe ich die brotlos genannten Geisteswissenschaften gewählt. An meiner Alma Mater, der Universität Lüneburg, offenbart sich das ganze Dilemma in einem Vergleich der Geschlechterverhältnisse der beiden Studiengänge »Angewandte Kulturwissenschaften« – den ich damals selbst studiert habe – und »Ingenieurwissenschaften (Industrie)«: Kulturwissenschaften studierten im Semester 2007/2008 86,4 Prozent Frauen und 13,6 Prozent Männer. Ingenieurwissenschaften: 87,5 Prozent Männer und 12,5 Prozent Frauen. Kulturwissenschaftler verdienen beim Berufseinstieg angeblich im Schnitt 31.998 Euro pro Jahr (was ich sehr viel finde, ich kenne kaum jemanden, der das bekommen hat), Ingenieurwissenschaftler 46.137 Euro.

Als ich mich mit 19 Jahren für einen Studiengang entschied, war mir der spätere Verdienst gar nicht egal. Tatsächlich war ich kurzzeitig in einem internationalen Business-Studiengang an der Universität Maastricht eingeschrieben. Ich malte mir aus, wie ich international Karriere machen würde, eine Führungsposition, spannende Aufgaben mit vielen Reisen. Doch je länger ich darüber nachdachte, desto klarer wurde mir: Ich würde damit nicht glücklich werden. Ich wollte etwas Inhaltliches lernen und nicht nur ein Produkt managen, ich wollte etwas lernen, das mich wirklich interessiert und zufriedenstellt.

Ich sagte also das Business-Studium ab und schrieb mich für die Angewandten Kulturwissenschaften ein. Kultur, das ist ein spannendes, inhaltlich reizvolles Feld, dachte ich. Vielleicht kann ich ja Museumsdirektorin werden. Rational wusste ich, dass ich nun wahrscheinlich für den Rest meines Lebens ein geringeres Einkommen haben würde, als ich mit meinem Abitur hätte haben können.

Meine Eltern reagierten auf diesen Sinneswandel sehr unterschiedlich. Meine Mutter schien fast erleichtert: »Finde ich viel besser«, sagte sie, »dieses Management-Dings, das passt ja gar nicht wirklich zu dir.« Mein Vater fragte nach den beruflichen Perspektiven und dem Einkommen und sagte, halb im Scherz: »Nicht, dass wir das ganze Geld für das Studium ausgeben, und dann heiratest du eh nur.« Sie vermittelten mir ihre geschlechtsspezifische Sicht auf meine berufliche Entscheidung. Ich habe mich geschlechterkonform verhalten. Kein Wunder, wir wachsen mit diesen Bildern auf.

Die Webseite wunderweib.de schreibt: Auch im Jahr 2014 »finden Männer es sexy, wenn Frauen in typisch weiblichen Serviceberufen tätig sind. Hier haben wir die Top *20 Frauenberufe* für Sie«.

Und das sind dann vor allem Berufe im Dienstleistungsbereich: Flugbegleiterin, Fitnesstrainerin, Hostess, Krankenschwester, Sekretärin, Arzthelferin. Allerdings – und auch daran sehen wir, dass seit den 1950ern doch ein bisschen was passiert ist – sind auch Pilotin, Ärztin, Polizistin, Anwältin und Managerin darunter. Wenigstens ein paar Berufe, mit denen Frau auch den Familienunterhalt verdienen könnte. Abgesehen davon ist der ganze Artikel natürlich eine Katastrophe: Als ob Frauen ihre Berufstätigkeit danach auswählen sollten, inwiefern sie dann für Männer attraktiv sind.

Auch unsere Chefs und Chefinnen haben Überzeugungen bezüglich eines angemessenen Verhaltens von Frauen und Männern,

die es leichter oder schwieriger machen können, so etwas wie Teilzeitarbeit durchgehen zu lassen. Ich vermute, dass ich auch deswegen gerade keine Aufträge bekomme. Weil ich nun beweisen
muss, dass ich als Mutter wirklich arbeiten will und muss.

## Das gute Leben

Die kniffelige Aufgabe, die man als 50/50-Paar lösen muss, lautet
also: Wie schaffen wir es, uns zu gleichen Teilen in die Arbeitswelt einzubringen? Für uns funktioniert das aufgrund unserer flexiblen Arbeitsmöglichkeiten recht einfach. Vielleicht haben wir
auch deswegen das 50/50-Modell gewagt. Für Menschen mit Vollzeitjobs und starren Arbeitsregelungen sieht das wohl anders aus.

Der Weg des geringsten Widerstands in der Arbeitswelt wäre
der, dass beide Elternteile Vollzeit arbeiten und die Kinder nur
kurz am Abend und am Morgen sehen. Doch wo bleiben Zeit
und Raum für die Kinder – und für die Hausarbeit? 50/50 mit
zwei Vollzeitjobs kann man machen – aber wir wollen das nicht,
solange wir kleine Kinder haben. Das ist auch eine Absage an die
gesellschaftliche Vorstellung von beruflicher Karriere – für Männer und für Frauen.

Für Männer – aber auch für immer mehr Frauen – bedeutet
Karriere, dass wir arbeiten, um irgendwo anders hinzukommen.
Höher hinaus. Die wenigsten wissen aber, was das heißt. Hauptsache nach oben. Damit man in der Zukunft irgendwann glücklich werden kann, mit mehr Verantwortung, mehr Ruhm und
mehr Geld. Bei unserem 50/50-Modell geht es darum, *jetzt* glücklich zu sein.

Wir haben keinen Kredit, keine Doppelhaushälfte, keine Eigen-
tumswohnung, kein schickes Auto. Wir zahlen verhältnismäßig
wenig Miete. Die Altersversorgung ist noch nicht geklärt. Kinder-

betreuung in Berlin ist bezahlbar. Sprich: Unsere finanziellen Ansprüche sind gering.

Jedes Paar, das das 50/50-Modell leben möchte, muss untereinander, aber auch mit dem Arbeitgeber verhandeln, inwiefern zum Beispiel Arbeitszeitverkürzungen möglich sind, ohne Abstriche in der Qualität des Arbeitsplatzes zu machen. Arbeitnehmer in Betrieben mit über 15 Mitarbeitern haben zwar einen rechtlichen Anspruch auf Teilzeitarbeit, aber eben nicht darauf, auch am selben Arbeitsplatz eingesetzt zu werden. Es hat viel mehr damit zu tun, was der Chef sich vorstellen kann und wie familienfreundlich die Unternehmenskultur wirklich ist. Wenn ein Chef Teilzeit gegenüber unvoreingenommen ist, kann z. B. die Arbeitszeit auf vier Tage die Woche reduziert werden, sogar als Führungskraft. Mauert der Chef, dann wird sich zwar der Rechtsanspruch auf Teilzeit durchsetzen lassen, aber unter Umständen eben mit dem Preis, auf dem beruflichen Abstellgleis zu landen.

Ein solches Beispiel habe ich von Klara gehört, die ich mal für einen Beitrag zum Thema Vereinbarkeit von Beruf und Familie interviewt habe. Klara ist Mitte 30 und arbeitet in einem modernen IT-Konzern in München im Sales-Bereich. Sie hat zwei Kinder im Kita-Alter: vier und zwei Jahre alt. Seit einem Jahr ist sie wieder zurück im Job, mit einer 30-Stunden-Woche. Der Konzern wirbt mit Familienfreundlichkeit, doch Klara sieht das anders: »Sobald klar war, dass ich schwanger bin, hat man versucht, mich loszuwerden. Elternzeit und Teilzeit versaut meiner Chefin die Erfolgsbilanz.« Der Druck ist groß: Im Sales-Bereich wird oft ein Teil des Lohns erfolgsabhängig über Boni bezahlt. Die sind abhängig von Einkommen, aber auch von Bewertungen durch den Vorgesetzten. Nicht nur Klaras Gehalt, sondern auch das ihrer Chefin wird von der Erfolgsquote ihres Teams bezahlt. Ein körperlich eingeschränkter Mensch, z. B. eine schwangere Frau, also jemand, der vielleicht mal häufiger ausfällt, passt da nicht ins Konzept, verursacht Kosten.

»Plötzlich wurde ich immer nur schlecht bewertet, ohne dass sich irgendetwas geändert hätte«, erzählt Klara. »Mein Gehalt sank, weil meine Teamleiterin mich immer schlecht beurteilte. Im Gegensatz dazu wurde meine Arbeitszeit immer mehr – bis ich wieder bei 40 Stunden die Woche angekommen war, allerdings bei einem Gehalt für 30 Stunden.«

Wie ist das möglich? Klara führt aus: »Das Familienfreundliche an diesem Unternehmen sind die flexiblen Arbeitszeiten und die Möglichkeiten, im Homeoffice zu arbeiten. Es wird zielorientiert gearbeitet: Ich bekomme ein Ziel vorgegeben, und mit welchem Zeitaufwand ich da hinkomme und wann ich arbeite, ist egal.« Das Problem kommt dann auf, wenn, wie in Klaras Fall, die Ziele permanent unrealistisch sind. »Die Teamleitung ruft mittags an und sagt: Ich brauche diesen Bericht bis morgen Abend. Und das schaffe ich nur, wenn ich mich sofort dransetze und durcharbeite. Ich habe aber auch noch die Kinder zu versorgen. Dass man die nicht in einen Schrank stellen kann, vergisst sie nur zu gerne.«

Hinzu kommt der Kindergartenengpass in München. Klara hat für ihre Kinder keinen Platz in einer öffentlichen Einrichtung bekommen, obwohl sie sich auf die Suche gemacht hatte, sobald sie von den jeweiligen Schwangerschaften erfahren hatte. Nun gehen die Kinder in eine private Kita: Klara und ihr Mann zahlen dafür im Monat 1.700 Euro. Ihr Versuch, selber eine Kita zu gründen – dafür wird man von der Stadt bezuschusst –, scheiterte an zwei Dingen: Keiner wollte ihr einen Ort vermieten, und es gibt keine Erzieherinnen. Der Job ist einfach zu schlecht bezahlt, um in der teuersten Stadt Deutschlands davon leben zu können.

Klara und ihr Mann machen kein 50/50. Manuel arbeitet Vollzeit, sie kümmert sich zusätzlich zu ihrer 30-bis-40-Stunden-Woche um die Kinder: »Er würde gerne weniger arbeiten, aber sein Chef lässt ihn nicht.« Sie selbst wiederum würde nicht aufhören wollen zu arbeiten, selbst wenn sie es könnte. Aber: »Ich wünsche mir eine Arbeitswelt, in der Kinder keine Fremdkörper sind. Auch Eltern können gute Arbeit leisten, nur eben auf 30, nicht auf 40 Stunden.«

Warum sich Klara keinen neuen Arbeitgeber sucht, frage ich sie. »Die sind doch alle gleich oder sogar noch schlimmer«, erklärt sie mir. Für Klara wäre der Weg in ein 50/50-Modell wesentlich radikaler als für mich und wahrscheinlich nur mit neuem Job für sie selbst und ihrem Partner sowie einem Umzug in eine neue, weniger teure Stadt mit mehr Kitas zu bewerkstelligen. Ich behaupte: Wenn 50/50 nicht gelebt wird, obwohl es gewollt ist, dann ist zu 99 Prozent die Arbeitswelt schuld.

Das Telefon klingelt: »Hallo Stefanie, danke für deinen Themenvorschlag. Wir finden das interessant, schaffst du es bis übermorgen?« Na, dann mal ran an den Schreibtisch.

# Das Ob und Wie der Elternzeit.

*Tobias*

Johann steht oben am Start einer langen Rutsche, lässt seinen selbst ausgedachten Kampfschrei »Butai!« los und stürzt sich vornüber hinab, noch ehe ich »hinsetzen!« rufen kann. Irgendwie landet er auf dem Bauch und kommt mit Karacho auf mich zugeschossen. Ich fange ihn auf, und er lacht sich kaputt. Oben an der Rutsche steht jetzt ein kleines, vielleicht drei Jahre altes Mädchen, deutet auf Johann und schreit: »Der is ja übergeschnappt!« und stürzt sich genauso halsbrecherisch und mit lautem Lachen die Rutsche hinunter. Landet mit dem Bauch im Sand und ruft: »Aber ich auch!« Die Kleine rennt völlig außer Atem auf ihren Papa zu, umarmt seine Hüfte, sagt ihm, er soll jetzt zuschauen, und klettert wieder die Rutsche rauf. Der Papa kommt zu mir rüber. Es ist Alexander, der Bruder einer meiner Fußball-Freunde. »Ganz schön wild, die beiden. Würden ein gutes Pärchen machen, Helene und Johann.« Wir begrüßen uns.

Cool, dass er Johanns Namen weiß, denke ich. Alex und ich kennen uns gar nicht so gut, sind uns vielleicht fünfmal begegnet. Er arbeitet als Finanzmathematiker bei einem großen Versicherungskonzern und hat viel Zeit im Ausland verbracht. Eigentlich Typ Workaholic. Unsere Kinder haben sich noch nie gesehen. Ich bin aber nicht nur überrascht, dass Alexander weiß, wie mein Kind heißt, sondern ihm überhaupt hier zu begegnen. Zwischen Rutsche und Sandkasten um halb fünf. »Ich hätte nicht

vermutet, dass du dich um diese Uhrzeit auf Spielplätzen rum-
treibst.«

Alexander lacht mich mit seiner tiefen Stimme an. »Ach Tobi,
wusstest du das gar nicht? Ich mach Elternzeit. Schon seit drei
Monaten! Karolin ist mit unserem kleinen Theo bei ihren Eltern,
ich hier mit Helene ein paar Tage allein.«

Jetzt bin ich baff. »Abgefahren!«

»Allerdings. Hätte mir das vor zwei Jahren jemand gesagt, hätte ich nur gelacht.« Und Alexander erzählt mir seine Geschichte. Nachdem Helene geboren war, hat er sich zunächst voll im
Job reingehängt, war die ganze Zeit auf Achse. Als seine Frau
Karolin mit dem zweiten Kind schwanger war, kam dann aber
der Wunsch nach mehr Zeit mit der Familie. Jetzt macht er wie
ich acht Monate Elternzeit. Konsequenzen im Job muss er nicht
fürchten, meint er, dazu sei seine Qualifikation zu speziell. Vielleicht sucht er sich sogar etwas Neues oder reduziert seine Stunden, um in Zukunft verfügbarer zu sein als bisher. Die Elternzeit
hat ihm die Augen geöffnet für die Familie, sagt er: »Stefanies und
dein 50/50-Ding ist vielleicht nicht ganz unsere Lösung. Aber die
Zeit mit den Kindern ist einfach so ein Gewinn. Zu dir kann ich
es ja sagen«, grinst Alexander. »Ich bin irgendwie ein bisschen
ein neuer Mensch.«

Wow. Ganz schöner Sinneswandel. Alexander zählte bisher zu
den Männern, die ich eher in die Karriereecke gesteckt habe. Einer
von denen, die aus ihren traditionellen Einstellungen überhaupt
keinen Hehl gemacht haben, bei dessen steiler Karriere man auch
keinen wirklichen Platz für einen Familienalltag sehen konnte.
Und jetzt das. Ich nehme mein Urteil gern zurück. »Einstiegs-
droge« und »hochmanipulative Erfindung« nannte ein Kommentar in der *SZ* neulich die Elternzeit für Väter. Genau das sollte sie
auch sein. Und wenn ich mir Alexander so ansehe, wie er mit

Helene auf dem Spielplatz rumtollt, sie wirft und auffängt, wie er zufrieden am Zaun lehnt und seiner Tochter zusieht – dann ist nur wenig übrig von dem Typen, den ich bisher in ihm gesehen habe. Endlich mal eine familienpolitische Maßnahme, die wirklich etwas bewirkt!

### Elterngeld kompakt

Was genau ist die *Elternzeit* nun eigentlich? Das Wichtigste zusammengefasst: »Anspruch auf Elternzeit besteht für jeden Elternteil zur Betreuung und Erziehung seines Kindes bis zur Vollendung dessen dritten Lebensjahres«, heißt es im entsprechenden Gesetz. Während dieser Zeit besteht Kündigungsschutz. Ein Arbeitnehmer darf seine Arbeitszeit reduzieren, d. h. Teilzeit arbeiten, oder auch den Arbeitsvertrag ganz ruhen lassen. Allerdings: Elternzeit ist erst mal unbezahlt. Das ist dann natürlich nur möglich, wenn der andere Elternteil voll verdient und genug Geld da ist.

Und da wären wir auch schon beim *Elterngeld*, dem eigentlichen Anreiz für Eltern in Fulltimejobs – speziell Väter –, überhaupt erst Elternzeit zu nehmen. Elterngeld wird an Väter und Mütter für maximal vierzehn Monate gezahlt. Beide können diesen Zeitraum frei untereinander aufteilen, ein Elternteil allein kann aber maximal zwölf Monate machen. Wenn sich der andere Elternteil zusätzlich entscheidet, dann kommen also noch zwei Monate drauf. Wie viel Elterngeld jemand bekommt, bemisst sich am Durchschnittseinkommen der letzten zwölf Monate. Davon erhält man etwa 67 Prozent. Es gibt einen Mindest- (300 €) und einen Höchstsatz (1800 €). Das Elterngeld zahlt der Staat, nicht der Arbeitgeber! Der Antrag ist jedoch nicht ganz ohne. Für Angestellte etwa mittelaufwendig. Für Freiberufler ein Horrortrip, weil sie Schätzungen ihres Einkommens machen müssen und diese nachträglich mit dem tatsächlich Verdienten abgeglichen werden. Mit der Folge, dass manchmal sogar Geld zurückgezahlt werden muss.

Jeder hat es mitbekommen: Die Elterngeld-Regelung ist ein ziemlicher Erfolg. Darin sind sich Parteien, Verbände, Forscher und insbesondere diejenigen Eltern einig, die bisher in den Genuss dieser Maßnahme kamen. Ohne sie wäre Stefanies und meine 50/50-Lösung nur wesentlich komplizierter möglich. Vor ihrer Einführung am 1. Januar 2007 nahmen im Schnitt vier Prozent der Väter überhaupt eine Auszeit im Job, mittlerweile sind es 30 Prozent. Das ist spektakulär. Doch hat sich Deutschland nicht über Nacht in ein Musterland der Gleichberechtigung verwandelt. Es haben sich nämlich auch gewisse Muster der Nutzung beim Elterngeld entwickelt. So nehmen über 80 Prozent aller Männer, die in Elternzeit gehen, nur die kürzest mögliche Dauer von zwei Monaten in Anspruch. Diese zwei Monate heißen jetzt auf einmal bei vielen umgangssprachlich »Vätermonate«, als sei das so gedacht gewesen und Vätern stünden gar nicht mehr Monate zu. Zwei werden jedoch kaum reichen, um irgendwelche Übergänge im Arbeitsleben des Partners abzufedern oder den Familienalltag nachhaltig zu verändern. Seit die Medien von »Vätermonaten« sprechen, tun viele Arbeitgeber aber tatsächlich so, als sei das Gesetz. Entsprechend trauen sich leider nur wenige Männer, überhaupt nach mehr als diesem akzeptierten Mindestmaß zu fragen. Umfragen ergaben, dass die meisten der Elternzeit-Väter aber gern sieben oder acht Monate genommen hätten.

Es sind aber nicht nur die Arbeitgeber das Hindernis, sondern auch die Erwartungen der Partner selbst, wie eine Studie der Väter gGmbH aus Hamburg von 2013 ausweist. Von 1000 befragten Männern sagten 63,5 Prozent, ihre Partnerinnen hätten ausdrücklich selbst volle zwölf Monate Elternzeit nehmen wollen. Volker

Baisch von der Väter gGmbH sieht das als Zeichen dafür, dass oft gar keine wirklichen Absprachen der Partner in Sachen Elterngeld getroffen werden. Nach dem Motto »Ich dachte, du arbeitest lieber, und so haben wir ja auch mehr Geld« ist mit dem Elterngeld eine neue Norm gewachsen, die auch nicht so viel gerechter ist als die alte. Ist mit dem Elterngeld vielleicht doch noch kein so großer Schritt in Richtung 50/50-Prinzip getan? Es ist doch eigentlich nicht so schwer, sich zusammen über die optimale Verteilung dieser Monate zu einigen, denke ich mir. Bei Stefanie und mir stand das Thema schon während der Schwangerschaft ganz oben auf der Agenda.

Der Gesetzgeber möchte nun die partnerschaftliche Absprache und Koordination fördern, indem er das Elterngeldgesetz in genau diese Richtung hin ergänzt und flexible Möglichkeiten schafft. Im Koalitionsvertrag von Union und SPD 2013 war das sogenannte *Elterngeld Plus* deswegen auch kein Streitpunkt – im Gegensatz zum Betreuungsgeld. Die neue Regelung (sie soll im Juni 2015 in Kraft treten) setzt ganz auf die partnerschaftliche Aufteilung von familiären und beruflichen Aufgaben. Sie fördert noch stärker als bisher ein Teilzeitmodell zum Wiedereinstieg in den Beruf für Mütter und Väter: Statt 14 Monate volles Elterngeld kann man nun auch bis zu 28 Monate das halbe Elterngeld bekommen – und bis zu 30 Wochenstunden dazuverdienen, ohne dass der Zuverdienst vom Elterngeld abgezogen wird. Außerdem wird der Bezugszeitraum verlängert beziehungsweise flexibler verteilbar, und es gibt einen Partnerschaftsbonus. Den bekommen Paare, wenn beide für mindestens vier Monate eine Arbeitszeit zwischen 25 und 30 Wochenstunden durch Vereinbarung mit dem Arbeitgeber nachweisen können. Mit dem *Elterngeld Plus* wird auch die Antragstellung für Freiberufler etwas einfacher, es müssen nicht mehr so viele Dokumente und Bescheide eingereicht werden. Alle diese Instrumente werden eingesetzt, damit in Zukunft die Elternzeit effektiv gleich auf Väter und Mütter verteilt ist.

### Zwei Baustellen

Zwei Schauplätze sind es also, an denen sich Wirkung und Erfolg des familienpolitischen Werkzeugs Elterngeld entscheiden werden. Zum einen am Arbeitsplatz, wo Väter ihren Anspruch auf Elternzeit geltend machen müssen. Zum zweiten in der Partnerschaft, in der die beste und gerechteste Verteilung der Elternmonate herausgefunden werden muss.

Die Angst vieler Väter davor, mehr als nur die Mindestdauer von zwei Monaten Elternzeit zu beantragen, ist in jüngster Zeit vielleicht auch durch Erzählungen verstärkt worden, in denen der Chef oder die Firma diese Entscheidung im Nachhinein irgendwie »bestrafen«.

Einer davon ist mein Jugendfreund Sead, ein Kriegsflüchtling aus dem bosnischen Kroatien, der sich zuerst sein Bleiberecht, dann sein Abitur und schließlich sein Arbeitsrecht in Deutschland erarbeitet hat. Ein super Typ. Und sehr, sehr ehrgeizig. Er hat in meiner Heimatstadt eine Ausbildung als Steuerberater gemacht und danach in einer kleinen Kanzlei angefangen. Als das lang ersehnte Kind unterwegs war, verschlimmerte sich die Multiple-Sklerose-Erkrankung seiner Frau. Damit sie nach der Geburt in Therapie gehen konnte, fragte Sead beim Chef an, ob er deswegen zehn Monate Elternzeit nehmen kann. »Tut mir leid, Sead«, hat der nur zu ihm gesagt, »so etwas gibt es bei mir nicht. Wenn du so was willst, hast du keine Zukunft in meiner Kanzlei.« Damit war klar, dass das Arbeitsklima nachhaltig vergiftet sein würde. Sead musste die Elternzeit also auch dazu nutzen, sich einen neuen Job zu suchen. »Ich hätte eh nicht mehr mit dem Chef zusammenarbeiten wollen«, sagt er rückblickend, »und wahrscheinlich war das die eleganteste Lösung, auf diese Weise da rauszugehen.«

Doch ist eine solche krasse Geschichte eher die große Ausnahme, nicht die Regel. So wie mich mein Chef mehr oder weniger dazu beglückwünscht hat, nun möglichst lange Elternzeit nehmen zu wollen, haben das mehrere Väter und Mütter in meinem Umfeld mit ihren Vorgesetzten erlebt. In diesen Fällen kam dann die positive Reaktion am Arbeitsplatz zur rundum positiven Erfahrung in der Elternzeit selbst hinzu. Diese Geschichten überwiegen deutlich, doch schüren Negativbeispiele wie Sead die männlichen Ängste, etwas einzufordern, was gut für einen selbst und die Familie ist.

Aber auch in der Partnerschaft selbst sollten Väter lernen, ihre Elternzeit einzufordern. Ich hatte es bei Stefanie einfach: Sie hat es ja angestoßen, dass wir die Elternmonate gleich verteilen beziehungsweise dass ich möglichst viel davon nehme, und ist mit diesem Vorschlag offene Türen bei mir eingerannt. Das ist längst nicht immer der Fall, wie etwa die Umfrage der Väter gGmbH ergibt. Zwei Drittel aller Frauen erheben Anspruch auf den Löwenanteil der Zeit mit dem Kind oder den Kindern. Wenn Frauen zu ihren Partnern sagen: »Ich habe mir das Kind gewünscht, es zur Welt gebracht und möchte nun auch für es da sein«, dann wird das selten infrage gestellt. Die mütterliche Zugangskontrolle – das *maternal gatekeeping* – kann man nicht mal eben so aushebeln. In anderen Worten: Nicht alles, was als gemeinsame Entscheidung daherkommt, ist eine wirklich gemeinsam getroffene Entscheidung. Gerade, wenn es um so wichtige Weichenstellungen wie die Verteilung von Elternzeit geht, müssen Väter ihre Bedürfnisse kennen und artikulieren können. Und wer das um des lieben

Friedens willen nicht macht, wird sich später, wenn die Weichen erst mal gestellt sind, ärgern.

## Was mache ich jetzt mit meiner (Eltern-)Zeit?

Die Aufteilung von zwei Monaten Elternzeit für ihn und zwölf Monaten für sie führt aber auch zu einer anderen Bedeutung, die man der Elternzeit der Väter überhaupt beimisst: Während Frauen diese Zeit voll damit verbringen, auf die Kinder aufzupassen, ist die Elternzeit für Väter häufig eine Art Urlaub. Nicht alle denken sofort: »Juhu, endlich kann ich die ganze Zeit mit meinem vier Monate alten Säugling verbringen!« In der Mehrheit spielt ein Gleichstellungsideal vielleicht auch längst nicht die Rolle wie bei Stefanie und mir. »Wir fahren jetzt erst mal in den Urlaub«, heißt es häufig oder: »Ich renoviere das alte Boot von meinem Opa.« Ach. Und wo bleibt das Kind?

Große Erwartungen und ein gewisses Maß an Naivität gehören in puncto Elternzeit jedoch einfach dazu, das war bei mir nicht anders. Ich dachte nämlich, ich würde große Teile meiner Plattensammlung bei eBay und Co. verkaufen. Erst alle Platten durchhören und dann aussortieren. Waschen, fotografieren und ins Netz stellen. Dann jeden Tag zur Post, um die Pakete zu verschicken. Pustekuchen. Keine Zeit. Ich war froh, wenn ich es geschafft habe, die Zeitung zu lesen und überhaupt mal eine Platte anzuhören. Andere glauben sogar, dass nun endlich die Zeit da ist, um die Wand zwischen Küche und Wohnzimmer zu durchbrechen. Die Diasammlung der Eltern zu scannen und zu archivieren. Den Keller zu entrümpeln. Hehre Vorhaben, die im hektischen Alltag mit Kids aber in den seltensten Fällen umgesetzt werden können. Meistens sind es Väter, die zum ersten Mal in Elternzeit gehen, die sich solche Sachen vornehmen. Ich würde diese Väter gern einmal während und nach der Elternzeit zu ihren Projekten befragen, um herauszufinden, wie viele davon wirklich realisiert werden. Wie sollen sich angehende Väter diese Phase auch vorstellen können, wenn sie es noch nicht erlebt haben?

Martin, ein Kollege aus der Uni, erzählt mir schon seit Wochen ganz begeistert von den Reiseplänen, die seine Freundin Marion und er mit ihren beiden Kindern (zweieinhalb Jahre und vier Monate) für den Sommer seiner Elternzeit haben. Zuerst geht es zwei Wochen in den Pfälzer Wald auf den Bauernhof ihrer Eltern, danach fahren die vier nach Frankreich und lassen sich zehn Wochen zwischen Bretagne und Provence treiben. Martin freut sich riesig darauf. Er sitzt in der Uni die ganze Zeit nur hinter Büchern oder am Rechner, meint er, und »muss einfach mal raus«.

Als Martin mich fragt, was wir in unserer Elternzeit gemacht haben, und ich es ihm erzähle, sagt er: »Auch super, oder? Wahrscheinlich entspricht das viel mehr dem Sinn und Zweck des Elterngeldes. Aber müssen wir jetzt ein schlechtes Gewissen haben, wenn wir wegfahren?« Wir diskutieren ein wenig darüber, sind uns aber schnell einig, dass er sich deswegen bestimmt nicht schlecht fühlen muss. »Immerhin verbringt ihr die ganze Zeit als Familie, zu viert«, meine ich. »Wenn das nicht Ziel des Elterngeldes ist, dann weiß ich es auch nicht.«

Warum noch mal sind wir eigentlich nicht weggefahren? Es war halt Winter, und Steffi wollte unbedingt in ihren Job zurück. Wenn die Umstände es hergegeben hätten, hätten wir die Option Urlaub schon nicht vergessen. Nun zwischen unserer und Martins und Marions Lösung zu vergleichen oder zu fragen, was »besser« ist, wäre ein Fehler. Jedem steht offen, wie er seine Zeit und seine Ressourcen nutzt.

Es existiert noch keine Studie darüber, wie Väter die Elternzeit genau nutzen. Wobei das wirklich interessant wäre. Ob sie mehrheitlich mit ihren Familien verreisen? Ob sie sich in Projekte stürzen und so wenig verfügbar werden, wie sie es im Job auch schon waren? Oder nimmt der Großteil einfach mehr am Familienalltag teil und verbringt mehr Zeit mit Kinderbetreuung oder der Arbeit im Haushalt?

Einen Papa, der sich in einem Projekt verloren hätte, kenne ich im Übrigen nicht. Nur welche, die die tollsten Pläne an den Nagel gehängt haben. Und zwar nur zu gerne, denn alle sind sie abhängig geworden von dem Rauschmittel, zu dem die Zeit und Interaktion mit ihren Kindern für sie geworden sind. Sead, Alexander, ich – unsere Leben fahren dank der Weiche Elterngeld definitiv in eine vielversprechende Richtung.

# Warum das 50/50-Prinzip das Leben schöner macht, und was getan werden muss, damit es sich weiter verbreitet.

*Stefanie*

An diesem Wochenende erwarten wir Besuch. Unsere Freunde Simon und Patricia werden eine Woche lang bei uns wohnen, zusammen mit ihrem Sohn Finn (zwei), der nur drei Monate älter ist als Johann. Es wird zwar etwas eng, aber wir freuen uns. Leider sehen wir Simon und Patricia viel zu selten. Simon, ein international angesehener Ingenieur mit Schwerpunkt erneuerbare Energien, hat vor einem Jahr in Oslo eine sehr gute Stelle bei einem großen norwegischen Energiekonzern angeboten bekommen, deswegen haben die beiden ihre Zelte in Berlin abgebrochen. Auch wenn Patricia ihren Job als Psychologin aufgeben musste und Oslo für sie einen totalen Neustart bedeutete.

Die Begrüßung ist ein großes Hallo. Das Matratzenlager wird aufgebaut, und wir bereiten ein Picknick vor: Nudelsalat, Tomatensalat, Muffins, kühle Radler und Bier für die Erwachsenen, rote Saftschorlen und Würstchen für die Kleinen. Picknickdecke eingepackt und ab in den Park.

Während wir uns das Essen schmecken lassen, erzählen Patricia und Simon von ihren Erlebnissen in der neuen Heimat. »Die Norweger haben eine ganz andere Einstellung zu Arbeit und Familie«, sagt Simon, »da bin ich anfangs angeeckt, obwohl ich es nur gut meinte.« Er berichtet, was passierte, als er neu im Job war. Um seinem Chef seine Loyalität und professionelle Einstellung zu beweisen, blieb er öfters länger im Büro, obwohl um ihn herum alle zwischen vier und fünf nach Hause gegangen sind.

Irgendwann zitierte ihn der Chef zu sich, es gäbe da etwas, was er gerne besprechen würde. Und dann fragte er Simon vorsichtig, warum er immer so lange im Büro sei: »Stimmt etwas mit deinem Privatleben nicht? Hast du Stress mit deiner Frau? Dein Kind ist doch so klein, du solltest zu Hause sein, bei deiner Familie!« Simon fiel aus allen Wolken. Das, was er in Deutschland über vorbildliches Verhalten im Job und Loyalität gegenüber dem Arbeitgeber gelernt hatte, galt in Norwegen nicht. Im Gegenteil. Der Chef glaubte, er hätte ein Problem! Simon lacht, während er die Geschichte zum Besten gibt. »In Deutschland habe ich gelernt, dass nur, wer als Erster kommt und als Letzter geht, ein guter Mitarbeiter ist. In Norwegen ist das ganz anders. Hier denken die Leute, dass du nicht auf dich selbst achten kannst, dass du ein Problem hast, wenn du nur an Arbeit denkst. Work-Life-Balance wird hier ernst genommen, in Deutschland ist das nur so ein Slogan.« Fortan war er früher zu Hause, und dass er noch fünf Monate Elternzeit beantragte, was er sich zuvor nicht getraut hatte, wurde mit Wohlwollen registriert.

Patricia machte einige Zeit später eine ebensolche Erfahrung mit der anderen Kultur: Sie plante ursprünglich, Finn – wie in Deutschland oft üblich – mit drei Jahren in die Kinderbetreuung zu geben. Allerdings war sie damit ziemlich allein auf weiter Flur. Als Finn anderthalb wurde und tagsüber immer noch zu Hause blieb, reagierten viele ihrer norwegischen Bekannten verwundert. »Warum darf dein Kind nicht in den Kindergarten?«, wurde sie von anderen Müttern gefragt. »Es langweilt sich doch bei dir. Kinder brauchen andere Kinder, um sich gut zu entwickeln«, so die mehrheitliche Meinung. 79 Prozent aller norwegischen Kinder zwischen einem und zwei Jahren besuchen einen Kindergarten. Tatsächlich: Da Finn ein Einzelkind war und weit und breit kaum andere Kinder (und Mütter) zum Spielen auftauchten, entschieden sich Patricia und Simon dann doch, Finn mit eineinhalb in den Kindergarten zu geben.

»Ich bin sehr glücklich über diese Entscheidung«, so Patricia. »Die Kindergärten sind super ausgestattet, auf drei Kinder kommt eine Betreuerin. Es geht Finn wirklich gut dort. Selbst am Wochenende steht er morgens vor der Tür und will dorthin. Er lernt gleichzeitig Deutsch und Norwegisch, und ich habe auch Zeit, um Norwegisch zu lernen und mir wieder eine Stelle als Psychologin zu besorgen.«

### 50/50 ist woanders leichter zu leben

In manchen europäischen Ländern ist man, was die Vereinbarkeit von Beruf und Familie angeht, einfach weiter als hierzulande. Und das fördert auch das 50/50-Prinzip. Nicht nur in Norwegen, auch in den Niederlanden hat sich die Gesellschaft entschlossen, ein größeres Entgegenkommen jungen Eltern gegenüber zu zeigen, wie ich von Janine weiß, mit der ich zusammen die Schulbank gedrückt habe. Sie ist vor vielen Jahren als Architektin nach Amsterdam gegangen und arbeitet seit der Geburt ihrer Tochter Mieke vor fünf Jahren in einer 4-Tage-Woche. Genauso wie ihr Mann Henk, der Arzt in einer Klinik ist. Und sie sind nicht die Einzigen: Die 4-Tage-Woche für junge Eltern ist in unserem Nachbarstaat allgemein anerkannt. Fast die ganze Arbeitswelt hat sich darauf eingestellt. Die Aufteilung der Kinderbetreuung erfolgt in vielen Familien deswegen nach folgendem Muster: Ein Elternteil arbeitet Montag bis Donnerstag, der andere Dienstag bis Freitag. Das

Kind ist an allen Wochentagen in der Kinderbetreuung, Dienstag bis Donnerstag von jeweils 8 bis 18 Uhr, Montag und Freitag aber nur von 9 bis 14 Uhr. Wichtige Besprechungen werden dann von den Unternehmen auf Dienstag bis Donnerstag gelegt – wenn alle Mitarbeiter anwesend sind. So lässt sich Teilzeit sogar für Führungskräfte durchsetzen: 41 Prozent aller Frauen in Führungspositionen und 7 Prozent ihrer männlichen Kollegen arbeiten in den Niederlanden in Teilzeit.

Allerdings gibt es dort auch Probleme: Der niederländische Staat hat in letzter Zeit die Zuschüsse für die meistens privat organisierte Kinderbetreuung stetig reduziert, so dass Familien sich eine Betreuung in einer Kita immer weniger leisten können. Viele Eltern sind verzweifelt, weil sie nun einerseits arbeiten müssen, um das Familieneinkommen gemeinsam zu sichern, und andererseits die Betreuung eine große finanzielle Belastung darstellt. Wir lernen: Teilzeit und Kinderbetreuung bedingen sich gegenseitig, beides muss bestmöglich geregelt werden. Da sieht es in Norwegen schon noch mal besser aus.

Andere Vorreiter sind Schweden und Großbritannien. Dort gibt es neben umfangreichen Teilzeitangeboten auch Maßnahmen, die dafür Sorge tragen, dass der Elternteil, der gerade in Elternzeit geht, nicht den Anschluss an seinen Arbeitsplatz verliert: sogenannte Patenprogramme, in denen ein Mitarbeiter, der aktiv im Unternehmen tätig ist, den Abwesenden in Elternzeit regelmäßig über die Entwicklungen im Betrieb informiert. Christoph Meyer, ein Deutscher, der mit seiner Familie in London lebt, erklärt in einem Blogeintrag auf www.academics.de, wie das britische System 50/50 fördert:

»Frühere berufliche Selbstständigkeit und eine unbefristete Stelle schaffen finanzielle und örtliche Planbarkeit bereits in den frühen 30ern. Die ›rush-hour‹ des Lebens wird damit etwas entschleunigt.

Im Gegensatz zu Deutschland gibt es in England ein politisches wie wirtschaftliches Zentrum. In der Metropole London ist es zumindest vom Grundsatz her möglich, dass sowohl Mutter als auch Vater eine Stelle finden. Das heißt, keiner muss beruflich zurückstecken, und die Bedingungen sind damit besser, die Kinderbetreuung partnerschaftlich aufzuteilen.« Auch die Kinderbetreuung benennt er als wichtigen Faktor, wenn diese auch teurer ist als hierzulande: »Ein weiterer großer Vorteil ist die qualitativ sehr gute Kinderbetreuung, die es ermöglicht, Kinder ohne schlechtes Gewissen betreuen zu lassen. Die Öffnungszeiten unserer Kinderkrippe sind 7:45 bis 18:30, auch wenn wir diese selten voll ausnutzen. Das Betreuungsverhältnis für unter Zweijährige ist auf ein Drittel staatlich festgeschrieben, und es gibt regelmäßige staatliche Inspektionen. Nach allem, was ich von Deutschland gelesen habe, ist damit die Kinderbetreuung qualitativ besser, und insgesamt sind die Kapazitäten deutlich höher, es gibt also kaum lange Wartelisten.«

Wir als 50/50-Eltern würden uns freuen, wenn diese Länder ein familienpolitisches Vorbild für Deutschland werden. Denn es geht nicht darum, möglichst viel Zeit für Arbeit freizuschaufeln, sondern nach einem Leben in Balance zu streben: Job, Familie, Hausarbeit und Freizeit so aufzuteilen, dass jeder in der Familie von allem etwas hat und die Lasten gleichmäßig auf allen Schultern ruhen – aber auch die Freuden von beiden zu gleichen Teilen genossen werden können.

Der Unterschied zu Deutschland ist der: Diese Gesellschaften haben sich entschieden, ein 50/50-Familienmodell aktiv zu fördern. Väter werden dazu ermuntert, an der Erziehung der Kinder teilzuhaben, und Mütter dazu, wieder in den Beruf einzusteigen. Das heißt nicht, dass es dort keine Unterschiede in der Arbeitsteilung zwischen Frauen und Männern gäbe – aber sie sind geringer. In Schweden geben 70 Prozent aller Paare an, sich die Kinderbetreuung gleichberechtigt zu teilen; und 95 Prozent sind damit zufrieden.

In Deutschland wurde der soziale Wandel lange verschlafen. Auch deswegen hängt Deutschland in Sachen Gleichberechtigung im EU-Vergleich weit hinten. Aber die Forderungen nach mehr gleichberechtigter Arbeitsteilung werden immer lauter. Der soziale Wandel lässt sich auch hier nicht mehr aufhalten; da sind sich die Sozialforscher sicher.

### Familienpolitik in Deutschland: altmodisch

Immer noch ist die Politik zu zögerlich, und die Idee, dass Kindererziehung und Angehörigenpflege Frauensache sind, hält sich hartnäckig in den Köpfen. Immer noch fördert die deutsche Familienpolitik vor allem das traditionelle Familienmodell. Geld fließt dank Ehegattensplitting auf das Konto der Paare, bei denen die Frau bedeutend weniger verdient als der Mann: sogar dann, wenn sie gar keine Kinder haben. Das Betreuungsgeld belohnt diejenigen mit 150 Euro im Monat, die ihr unter dreijähriges Kind nicht in eine Kinderkrippe geben.

Die Begründung der Betreuungsgeld-Befürworter: Familien, die ihre Kinder in Kitas geben, würden ja von staatlichen Geldern profitieren, deswegen bräuchte es einen Ausgleich. Eine wahrhaft seltsame Argumentation: Wenn ich kein Auto habe, dann bekomme ich schließlich auch keinen Ausgleich dafür, dass ich nicht auf Autobahnen fahre – für deren Erhaltung allein hat der Staat 2012 beispielsweise 1.3 Milliarden Euro ausgegeben. Und wer jetzt argumentiert, dass die Autofahrer auch Steuern zahlen würden, dem kann ich nur entgegnen, dass ich als arbeitende Mutter selbstverständlich auch Steuern zahle, die der Allgemeinheit zugutekommen.

Selbst die CDU-nahe Konrad-Adenauer-Stiftung – eigentlich

dem traditionellen Familienmodell zugeneigt – hat im Juni 2014 festgestellt, dass diese Familienpolitik nicht mehr den Bedürfnissen von heutigen Familien mit Kindern entspricht. Sie rät von der Hausfrauen-Ehe ab und fordert die Politik auf, Maßnahmen hin zu mehr 50/50 zu ergreifen. Familie sei zwar nach wie vor die beliebteste Form des Zusammenlebens, aber eben nicht mehr im traditionellen Gewand.

Seltsamerweise wurde als erstes Gesetz ausgerechnet das Unterhaltsrecht im Scheidungsfall an eine fiktive 50/50-Situation angepasst. 2008 traten Änderungen im Unterhaltsrecht in Kraft, die davon ausgehen, dass Frauen und Männer in 50/50-Beziehungen leben und sich beide selbst versorgen können. Auch das Lohngefälle zwischen Mann und Frau von 23 Prozent, das zum größten Teil darauf zurückzuführen ist, dass Frauen in schlecht bezahlten Branchen und außerdem in Teilzeit arbeiten, wurde nicht berücksichtigt. Heute bekommt derjenige Elternteil, der das Kind betreut, nur einen Betreuungsunterhalt, wenn ein Kind unter drei Jahren im Haushalt lebt. Das frühere Unterhaltsrecht, das auf die traditionelle Familie ausgerichtet war, sah vor, dass der verdienende Partner den nicht verdienenden Partner mindestens so lange unterstützt, bis die Kinder aus dem Haus sind und je nach Gehalt und Familienleistung der Exfrau sogar darüber hinaus.

Momentan sind die meisten Paare allerdings von einem 50/50-Modell weit entfernt, und das Unterhaltsrecht gleicht nun nicht mehr aus, dass (meistens) Frauen, die zugunsten der Kinderbetreuung berufliche und finanzielle Nachteile in Kauf nehmen, über Jahre hinweg weitaus weniger verdienen als ihre Expartner. 50/50 ist schon allein deswegen wichtig, weil im Trennungsfall eine Person – meistens die Frau – das Nachsehen hat.

Ein Hoffnungsstreifen am Horizont sind die bisherigen familienpolitischen Ansagen von Manuela Schwesig, SPD, die seit der

Bundestagswahl 2013 Kristina Schröder, CDU, als Ministerin für Familie, Senioren, Frauen und Jugend abgelöst hat: Mit dem Konzept der »Partnerschaftlichen Familie« versucht sie, ein Familienleitbild zu etablieren, das unserem 50/50-Prinzip gleicht.

Schon kurz nach ihrer Amtseinführung ist Schwesig mit der Forderung aufgefallen, dass jungen Eltern, die ein Kleinkind betreuen, Teilzeitarbeit zustehen sollte – den Verdienstausfall könnte der Staat übernehmen. Das geht über die Maßnahmen der Schweden, Norweger und Briten hinaus und hat den großen Vorteil, ein ausbalanciertes 50/50-Modell auch für Familien mit geringem Einkommen möglich zu machen. Die Forderung wurde von allen möglichen Seiten abgeschmettert, stattdessen hat Schwesigs Parteikollegin Andrea Nahles erneute Geldgeschenke für diejenigen durchgesetzt, die ein traditionelles Familienmodell leben: die Mütterrente. Mütter, die nicht gearbeitet haben, bekommen nun eine Rente. Leider blickt die Familienpolitik in Deutschland häufiger zurück als in die Zukunft.

### GUTE Kinderbetreuung statt bloße Verwahrung ist das A und O

Dabei haben die Konservativen eigentlich nur noch ein einziges Argument für das traditionelle Familienmodell: das Wohl des Kindes. Das Kind sei bis zum dritten Lebensjahr bei der Mutter am besten aufgehoben, heißt es immer wieder. Dabei ist längst durch umfangreiche sozialpsychologische Forschung bewiesen, dass Kinder beim Vater oder einer anderen engen Betreuungsperson genauso gut aufgehoben sind. Diese Einsicht stellt kein seriöser Forscher mehr in Abrede. In der Politik ist sie noch nicht angekommen.

Nicht ganz so einig sind sich die Pädagogen, wenn es um die

Betreuung von Kleinstkindern in Kitas geht. Laut einer Kita-Orientierungshilfe der Deutschen Liga für das Kind ist die Sorge, dass frühe Tagesbetreuung Kindern generell schadet, unbegründet. Bei ausreichend guter Tagesbetreuung leidet weder die Eltern-Kind-Bindung noch führt die Betreuung zu einer Störung der seelischen oder sozialen Entwicklung. Ausreichend gut bedeutet, dass das Kind ein stabiles Verhältnis zu seinen Bezugspersonen, also Eltern, Tagesmutter oder Erzieherin innehat und dass diese feinfühlig auf die Bedürfnisse des Kindes eingehen. Eine riesige Anzahl von Studien seit den 1970er Jahren bestätigt dieses Ergebnis. Was die Entwicklung der intellektuellen Fähigkeiten von Kindergartenkindern angeht, so sind diese den zu Hause betreuten Kindern in der Regel sogar überlegen.

Allerdings hat Deutschland ein Problem: Um gute Kinderbetreuung wie in Norwegen oder in Großbritannien zu ermöglichen, fehlen derzeit 120.000 Erzieher. Nur wenige Einrichtungen bieten den empfohlenen Schlüssel von drei, maximal fünf Kleinkindern pro Erzieher. Von der seit Jahren geforderten Hochschulausbildung für Erzieher wagt angesichts des Mangels kaum noch jemand zu sprechen. Vielerorts werden mit Praktikanten die schlimmsten Löcher gestopft. Es geht gar nicht anders: 120.000 einschlägig qualifizierte Fachkräfte fallen nicht über Nacht vom Himmel, sie müssen erst ausgebildet werden. Deswegen werden die Gruppen eben vergrößert, die Betreuungsschlüssel verschlechtert. Doch wo Kinderbetreuung schlecht ist, zögern Eltern, ihre Kinder dort unterzubringen. Denn sogar krippenfreundliche Experten und Psychologen warnen vor einer nicht kleinkindgerechten Betreuung, da diese zu unsicheren Bindungen und psychischen Problemen im Erwachsenenalter führen kann.

Auch um zu gewährleisten, dass der derzeitige gesellschaftliche Umbau in Richtung 50/50 nicht zu Lasten der Allerkleinsten geht, müsste jede müde Mark in die Ausbildung von Erziehern gesteckt werden. Denn klar ist: Auf lange Sicht profitieren alle, wenn sich Kinder in guten Händen befinden und Gesellschaften sich entscheiden, nicht die Arbeit, sondern das Leben in den Vordergrund zu stellen.

Das Wohl der Kinder steigt mit dem Grad an Gleichberechtigung in einem Haushalt, das heißt, wenn Eltern sich Erwerbsarbeit, Erziehung und Haushalt gleichberechtigt teilen. So sieht es zumindest eine 2014 erschienene Studie der Universität Melbourne zu Kindern, die aus Regenbogenfamilien kommen. Die sind nicht nur genauso gesund und glücklich wie andere Kinder auch – sie schneiden sogar besser ab, was ihr allgemeines Wohlbefinden angeht: Die Familien halten stärker zusammen, sind gefestigter, und die Bindung der Familienmitglieder ist stark. Auch Trennungen von gleichgeschlechtlichen Eltern sind seltener als in heterosexuellen Ehen. Studienleiter Simon Crouch führt das Ergebnis direkt darauf zurück, dass homosexuelle Eltern sich Arbeit, Haushalt und Kindererziehung nach ihren eigenen Vorlieben und Bedürfnissen aufteilen, weil das Geschlecht keine Rolle dabei spiele. Das führe laut Crouch dazu, dass alle Familienmitglieder zufriedener sind und das Familienleben insgesamt harmonischer abläuft.

Laut der aktuellen UNICEF-Studie zum Wohlergehen von Kindern in Industrieländern schneiden die Niederlande und Norwegen im Übrigen am besten ab. Das bestätigen auch Simon und Patricia. »Nicht nur wir genießen die Vorteile der norwegischen Familienpolitik, sondern auch Finn«, so Patricia. »Er profitiert von der guten Kinderbetreuung, aber auch davon, dass wir alle drei jeden Tag ab 16 Uhr zusammen sein können. Das läuft alles so reibungslos, ich kann mir vorstellen, bald wieder schwanger zu werden.«

Natürlich ist Norwegen eines der reichsten Länder der Welt, das Land mit dem zweithöchsten Bruttoinlandsprodukt pro Kopf. Die Löhne sind so hoch, dass viele Norweger es sich leisten können, nur noch sechs Stunden täglich zu arbeiten – ohne auf Luxus wie Ferienhaus und Skifreizeit zu verzichten. Die Arbeitslosigkeit liegt bei drei Prozent. Der Wohlfahrtsstaat wird durch Öl finanziert, das maßgeblich für den Reichtum des Landes verantwortlich ist. Das alles lässt sich auf Deutschland nicht eins zu eins übertragen. Aber es entbindet die Politik nicht von der Aufgabe, familienorientierte Ausgaben bewusst und weitsichtig zu verwenden. Betreuungsgeld oder Kita-Ausbau? Da muss man sich schon entscheiden.

# Nachwort

Johann ist inzwischen fast zwei Jahre alt. Er macht uns unfassbar viel Freude, und wir sind glücklich. Wie er mit seinen Satzbausteinen um sich wirft und sich für jede Kleinigkeit auf seinem Weg interessiert, verzaubert uns jeden Tag. Mit seiner Energie – woher kommt bitte schön so viel Energie!? – und seinem Willen bringt er uns aber auch öfter mal an den Rand des Wahnsinns. Johann rennt, klettert und tobt ununterbrochen und erklärt uns die Welt mit der ganz eigenen Logik eines Zweijährigen. So erzählte er uns neulich beim Anblick eines Sonnenuntergangs aufgeregt mit Gesten und Worten, dass »Sonne putt«, dass die Sonne kaputt gegangen sei. Klar, das Rot des Sonnenuntergangs erinnert ihn an die Zeichnung eines Hausbrands in seinem Feuerwehrbilderbuch, bei dem nachher das Haus kaputt ist. Es ist entzückend. Alles in allem: Unser Leben ist schön, aufregend und anstrengend.

Es gibt Phasen, in denen läuft Johann mal mehr zu Tobias, um Schutz zu suchen oder sich trösten zu lassen, und Zeiten, wo er häufiger zu Stefanie geht. Insgesamt hat er zu uns beiden ein ähnlich enges Verhältnis. Egal, wer zurzeit morgens aus dem Haus geht, Johann protestiert bei uns beiden gleich stark und lässt sich aber auch gleichermaßen von der mit ihm daheim gebliebenen Person wieder beruhigen. Beim Kuscheln gibt es auch keinen Unterschied. Wir sind uns sicher, dass die enge Bindung, die Johann zu uns beiden hat, ihn auch für die Zukunft stärken wird.

Über das 50/50-Prinzip selbst reden wir kaum noch, es ist uns in Fleisch und Blut übergegangen. Zu keinem Zeitpunkt hat einer von uns ernsthaft in Frage gestellt, was wir uns da vorgenommen haben. Und beide sind wir froh, die Weichen dafür so früh gestellt zu haben. Viel Reibung und wahrscheinlich auch Streit ist uns so erspart geblieben. Schon während wir das Buch geschrieben haben, sind wir auf diese Weise zu Botschaftern des 50/50-Modells geworden. So wenig wir also zu Hause darüber sprechen, so viel tun wir es, wenn wir danach gefragt werden. Und das passiert sehr häufig.

Unsere Gespräche und Begegnungen haben uns inzwischen mit einer Reihe von Leuten zusammengebracht, die ein ähnliches Modell leben wie wir. Diese Paare haben uns besonders bei unserem Projekt unterstützt und bestärkt. Schließlich waren auch sie nicht fündig geworden, als sie während der Schwangerschaft nach Erfahrungsberichten zur gleichberechtigten Verteilung von Kind, Haushalt und Job gesucht hatten.

Wir freuen uns über jedes Feedback von anderen 50/50-Paaren und sind neugierig auf deren Erlebnisse. Welche Erfahrungen haben Sie mit Arbeitgebern und Freunden gemacht? Positive? Negative? Welche Tipps können Sie anderen 50/50-Paaren – und solchen, die es werden wollen – mit auf den Weg geben? Auf unserer Webseite www.5050prinzip.de werden wir in Zukunft weiter berichten, Familienpolitik kommentieren und nützliche Ideen und Berichte von anderen Paaren veröffentlichen.

Denn auch wir sind gespannt darauf, wie sich unser Prinzip in Zukunft bewährt, schließlich stehen wir noch am Anfang! Es wird berufliche Umbrüche geben, und momentan überlegen wir, ob und wann wir am besten ein zweites Kind bekommen. Denn eins ist klar: Etwas anderes als das 50/50 Prinzip kommt für uns nicht in Frage.

Wir bedanken uns ganz herzlich für Unterstützung, Ideen, Tipps und Kritik bei unseren Familien Lohaus, Scholz und Schwarz und insbesondere bei Uschi Schwarz und Traute Scholz für die Notfall-Enkelbetreuung. Bei Sonja Eismann, Chris Köver, Katrin Gottschalk, Margarita Tsomou und Daniela Burger, Julia Reinecke, Helene und Till Wolf, Hindeja und Jakob Farah, Steffen Krüger und Marianne Heggenhougen, Ina Freudenschuss, Gabriele Thran, Helene von Kügelgen, Wanda Wieczorek und Timo Meisel, Meredith Haaf, der Istanbul-Reisegruppe, den Familien Fischer-Medert, Caspary und Kotb. Felicitas Hillmann und Matthias Tang, Kerstin Klamroth und Arnd Brummer, Marguerite Joly und Lu Nelson, Tina und Christian Scheuer, Juliane Otterbach und Matthias Megyeri, Nina Brodowski und Martin Blankenstein, Madeline Ritter, Riccarda Herre, Isabel Niederhagen, der Blog-Redaktion von 10 vor 8, dem Erdbeerbund, Antje Schrupp, den fuckermothers, dem Ligapokal, Kurz und Klein. Ganz besonders: Doreen Fröhlich und Katrin Kroll.

Um die ganze Welt des
GOLDMANN-*Sachbuch*-Programms
kennenzulernen, besuchen Sie uns doch
im Internet unter:

# www.goldmann-verlag.de

*Dort können Sie*
nach weiteren interessanten Büchern *stöbern*,
Näheres über unsere *Autoren* erfahren,
in *Leseproben* blättern, alle *Termine* zu Lesungen und
Events finden und den *Newsletter* mit interessanten
Neuigkeiten, Gewinnspielen etc. abonnieren.

Ein *Gesamtverzeichnis* aller Goldmann Bücher finden
Sie dort ebenfalls.

Sehen Sie sich auch unsere *Videos* auf YouTube an und
werden Sie ein *Facebook*-Fan des Goldmann Verlags!